授業をグーンと
楽しくする
英語教材シリーズ
23

生活語彙が楽しく身につく！

小・中学生の 英語カルタ & アクティビティ 30

ヒント英文つき！

西垣知佳子／中條清美／キャサリン・オヒガン 著

明治図書

まえがき

本書は小・中学校の英語の授業の補助教材として、楽しく英語に触れて語彙を身につけるための教材集です。扱う題材は日本人の英語力の弱点である**生活語彙**です。例えばみなさんは、学校や家庭で身近な「砂場」、「ホウキ」、「懐中電灯」、「糊（ノリ）」をすぐに英語で sandbox, broom, flashlight, glue と言うことができるでしょうか。生活語彙は身近にありながら、中学・高校の英語教科書で扱われる機会が少ないために、日本人の英語力の弱点とされてきました。

本書は**カルタ**を使って生活語彙と出会い、遊びをとおして何度も同じ語彙や表現に繰り返し触れるうちに、知らず知らず語彙が身につくことを目指しています。カルタは日本の伝統的遊具であり、子どもたちにも先生にも親しみやすいので、教材として、ことわざカルタ、四字熟語カルタ、歴史人物カルタ、都道府県カルタ、植物カルタ等、様々な教科で活用されています。デジタル時代の今日にあってもなお、遊具、教材としてのカルタの魅力が薄れることはありません。

小学校の英語の授業では、先生が単語を読み上げて子どもたちが絵札を取るというカルタ活動がよく行われます。こうした活動はターゲットとする語彙の「発音と意味」の結びつきの強化に役立ちます。本書では、このような遊び方に加えて、カルタを使った様々な遊びをとおして、初めて出会う語彙を**導入**して、発音と意味を結びつけて**理解**できるようにし、それを言うことをとおして**定着**させ、自己表現のために**産出**できるまでの活動を段階を踏んで行います。また、これらの活動は「**聞く・話す・読む・書く**」の**4技能**の育成にも利用できます。そのため、本書は小学校だけでなく、中学校の入門期、**小・中連携**、中学校の語彙力強化にも活用できる教材です。例えば本書のカルタを共通教材として使って**教材の共有**をとおして小・中連携を試みることができます。生徒は馴染みのある教材と中学校で再会し、安心感を覚え、自信を持って活動することができたり、小学校で学んだことが中学校で役立っていると感じられたりすることでしょう。

本書の特徴は次のようになります。

❶ 英語の生活語彙が身につきます。学習する生活語彙は**コーパス言語学の手法**に基づいて選定した**学習効率の高い**ものです。

❷ カルタを使って生活語彙を身につけます。絵札にはイラストと綴り、読札には5つのヒント文が載っています。絵札と読札はコピーして切り離して、あるいは切り離さずにシートのまま使えます。

❸ 絵札と読札を使って、様々な文脈で1つの単語や表現に繰り返し触れるので、自然な形で**繰り返し学習**が行われ、生活語彙が身につきます。

❹ 「聞く」ことに重点を置きながら、「話す・読む・書く」活動へと発展させられます。

本書の教材はコピーして使えるレディーメイドのカルタです。さらにカラー版カルタを以下のURLからダウンロードして印刷して使うことができます。次のサイトを開き、ユーザー名とパスワードを入力するとダウンロードできます。

```
URL    http://meijitosho.co.jp/093314#supportinfo
ユーザー名　093314　　　　　　　　　パスワード　ncckko
```

　本書の教材は小学校外国語活動のために独自に研鑽を積まれ、さらに高いレベルの指導を目指されている先生方、また不安と迷いの中で外国語活動を担当されている先生方、「週に1時間だけの、教科ではない外国語活動の準備に時間をかけている余裕はない」という本音をお持ちの先生方等、それぞれの状況に合わせてご利用いただけます。

　中学校では、新入生が小学校で身につけてきた英語力を見極め、「小学校の英語は好きだった。中学校に入ったらもっと英語が好きになった」と感じられるよう、英語教育を引き継ぐ必要があります。子どもたちには、小学校と中学校の英語に境界はありません。小・中学校の英語に連続性を持たせ、小学校外国語活動から中学校英語へとスムーズにつなげるために、本書の教材をご利用いただけます。

　本書は多くの方々との関わりをとおして形にすることができました。はじめに、出版の機会を与えてくださった明治図書の木山麻衣子さんには、永年の経験をとおして培われた知識から貴重な助言をいただき、執筆の過程を応援していただきました。情報通信研究機構の内山将夫氏には、生活語彙の選定に際し、ご尽力を賜りました。また、千葉大学教育学部で学ばれた長期研修生の先生方をはじめ、千葉大学教育学部附属小学校外国語活動部の先生方、千葉県内の小学校、中学校の先生方とは、カルタを使った授業を一緒に実践してきました。そうした成果をひとつの形にまとめることができましたことをここに深く感謝申し上げます。また、本書の一部は、日本学術振興会科学研究費補助金平成22－24年度採択研究（課題番号22520553）の支援を受けて可能となりました。記して謝意を表します。

　本書で扱うカルタの使い方は無限です。先生方には、目の前の子どもたちを見つめ、自由な発想で、創造的に教材を使っていただきたいと思います。そして本教材をとおして、子どもたちがより豊かな言葉の学びを経験することを著者および関係者一同願っております。

　　平成25年6月

　　　　　　　　　　　　　　　　　　　　　　　　　　　　　　　　西垣知佳子

CONTENTS

まえがき ...2...
本書の使い方 ...7...

Chapter 1　身につけたい！子どものための英語「生活語彙」

1.1　外国語の習得と語彙力　...9...
1.2　生活語彙の不足　...9...
1.3　子どものための生活語彙の選定　...11...
1.4　選定した生活語彙の妥当性　...12...
1.5　生活語彙の習得状況　...12...
1.6　『Hi, friends!』の語彙　...13...

Chapter 2　カルタを使った「生活語彙」の指導アイデア

2.1　小学校英語―たくさん聞いて，話すことを急がない　...14...
2.2　小学校英語と中学校英語の接続　...14...
2.3　カルタの有効性　...15...
2.4　カルタの実践と成果　...16...
2.5　カルタを使ったいろいろな活動　...17...

Stage 1：「導入」を目指した活動

1　聞いて，見せて　　Listen and Show　...19...
2　消えたカード　　Missing Cards　...20...
3　カードにあるのは，な〜に？　　What's on this card?　...21...
4　立って，座って　　Stand Up! Sit Down!　...22...
5　シー！　　Shhhhh!　...23...

Stage 2：「理解」を目指した活動

6	ビンゴ	Bingo	…24…
7	聞いて，答えて①	Ask and Answer ①	…26…
8	聞いて，答えて②	Ask and Answer ②	…27…
9	カルタ	Karuta	…28…
10	エスパーゲーム	ESP Game	…30…
11	わたしは，な〜に？	What am I?	…31…
12	シチュエーション・カルタ	Situation Karuta	…32…
13	クエスチョン・カルタ	Question Karuta	…33…
14	伝言カルタ	Message Karuta	…34…
15	順番は？	What's the Order?	…35…
16	推測ゲーム	Guessing Game	…37…
17	文字並べ	From A to Z	…38…
18	読札カルタ	Reading Cards Karuta	…39…

Stage 3：「定着」を目指した活動

19	ラッキー・カテゴリー	Lucky Category	…40…
20	カード・リレー	Card Relay	…41…
21	激突ゲーム	Crash	…42…

| 22 | 神経衰弱 | Concentration | ···43··· |

Stage 4：「表現」を目指した活動

23	あなたは，な〜に？	What are you?	···44···
24	会話しよう	Let's make a Conversation	···45···
25	クレージー・ストーリー	Crazy Story	···46···
26	リッスン・トゥー・マイ・ヒント	Listen to my Hints	···47···
27	みんなで定義	Make a Definition	···48···

番外編：ゲーム性重視の活動

28	ジェスチャーゲーム	Charades	···49···
29	お絵描きゲーム	Pictionary	···50···
30	ティク・タク・トー	Tic-Tac-Toe	···51···

Chapter 3　コピーしてすぐ使える！「生活語彙」カルタ集

3.1	カルタについて	···52···
3.2	英語の面白情報	···54···
3.3	ヒントで使う英語の文型	···56···
3.4	カルタ活動で使う教室英語の例	···57···
3.5	絵札　絵札1〜168	···58···
3.6	読札　読札1〜168	···80···

参考文献	···103···
付録1　本書で扱う「生活語彙」168語	···105···
付録2　「生活語彙」500語	···108···

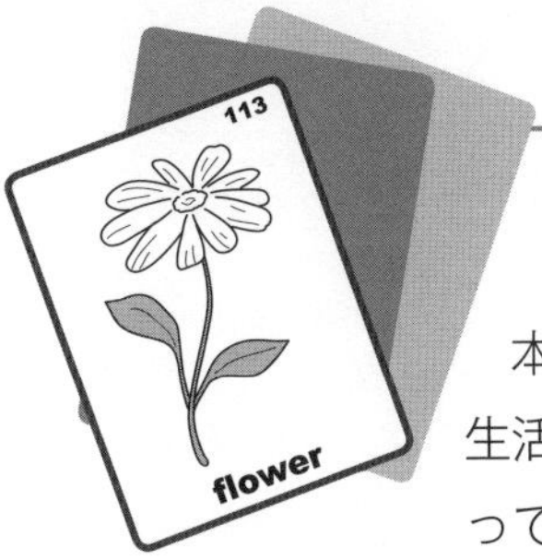

本書の使い方

本書では，カルタを使って**名詞128語**，**動詞30語**，**形容詞10語**の合計**168語**の生活語彙を学びます。カルタは生活語彙１語ずつに，**絵札**と**読札**がセットになっています（図1，図２）。絵札と読札は組み合わせて使ったり，それぞれ単独で使ったりいろいろな遊び方があります。

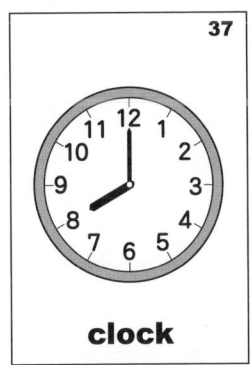

clock 時計	37
I'm at home and at school.	
私は家や学校にあります。	
I have hands.	
私には手があります。	
I have a face.	
私には顔があります。	
I wake you up.	
私はあなたを起こします。	
I tell time.	
私は時間を教えます。	

図１　名詞の絵札と読札の例

catch ～をとらえる，つかまえる	129
I catch a ball.	
私はボールをとります。	
I catch a fish.	
私は魚をとります。	
I catch a butterfly.	
私はチョウをとります。	
Catch me!	
私をつかまえて！	
Don't catch a cold.	
風邪を引かないで。	

図２　動詞の絵札と読札の例

（１）絵札

絵札（図１左，図２左）には，カード番号，イラスト，綴りが載っています。綴りを修正テープで消してコピーすると**文字なし絵札**となります。文字なし絵札を使うと文字情報が排除されるので**発音と意味の結びつき**が強化され，学習語を導入する段階で有効です。発音と意味が結びついた頃を見計らって，綴りのある**文字あり絵札**を取り入れます。子どもたちの注意は自然と綴りへと向かい，綴りと発音が結びつき始めます。文字あり絵札は文字の導入，中学校入門期の指導等に利用できます（p.58参照）。カード番号は活動に使うカードを選んだり，整理したり，説明や指示をするときに使います。明治図書のサイトでは，**カラー版**の文字なし絵札と文字あり絵札の両方を**ダウンロード**できます（p.３参照）。

（２）読札

名詞と動詞・形容詞ではヒント文の形式が異なります。名詞の読札（図１右）には，学習語を推測させるための英文ヒントとその日本語訳が５つずつ載っています。ヒントは「大枠→詳細」の順に並んでいて，ヒントの組み合わせを変えると，新しい教材を使っているかのように繰り返してカルタ活動ができます。またヒントを繰り返し聞いたり，読んだりしているうちに，事物を描写する短い英語の表現が自然と身につきます。動詞と形容詞の読札（図２右）には，学習語を使った短い英文が５つずつ載っていて，動詞と形容詞の文中での使い方が身につきます。読札は先生が読むばかりでなく，子どもたちが読んでカルタをすることもできます。子ども同士で行うカルタは，聞く力と読む力を育てます。

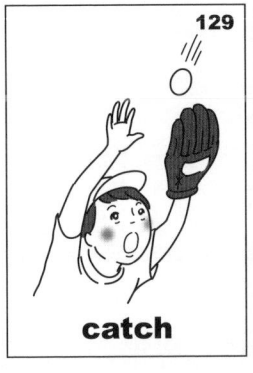

(3) 活動（遊び方）のページ

Chapter 2ではカルタを使う様々な活動を紹介します。各ページには，次のような情報が載っているので，活動を選ぶときの目安になります。

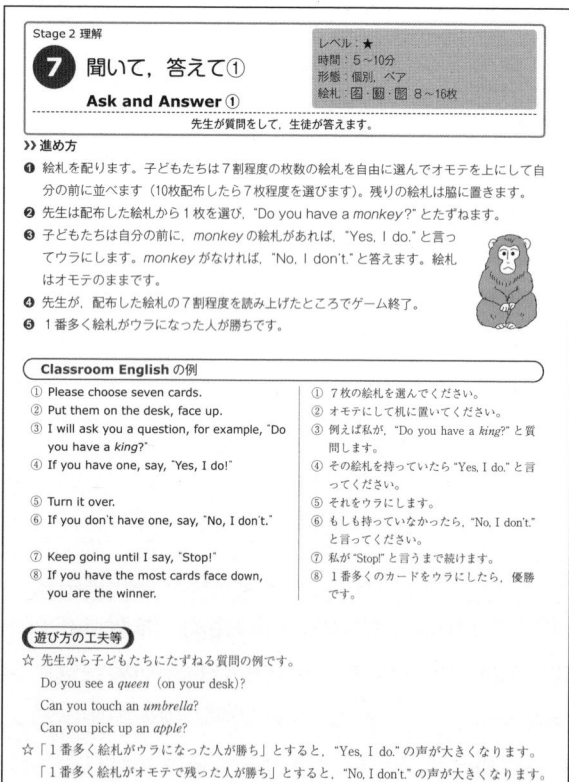

レベル ★（易），★★（中），★★★（難）を示します。

時間 大よその活動の所要時間です。扱うカルタの枚数や子どもの数，年齢，学習歴によって変わります。

形態 カルタを何人でシェアして使うかによって，「個別，ペア，グループ，全体」に分けました。1人に1セットのカルタが用意できると，子どもたちが活動に関与する度合いが高まります。

絵札，読札 名は名詞カルタ，動は動詞カルタ，形は形容詞カルタを示します。また，活動しやすい大よその枚数を示しました。それより少なくても，多くても活動できますが，枚数が少な過ぎるとワクワク感は減り，多過ぎると活動時間が長くなって飽きるようです。活動の説明の中に，8～16枚というものが多いのは，ビンゴの最小と最大の枚数に合わせました。一定数の語彙を導入して，様々な活動をとおしてそれらを身につけることを想定して，人気の高いビンゴの最小と最大の枚数を目安としています。8枚のビンゴは縦3枚×横3枚の真ん中の1枚をフリーにした枚数です。ビンゴは25枚（縦5枚×横5枚）では多過ぎて活動が間延びするようです。

Classroom Englishの例

活動中に使う教室英語の例を左側に示しました。ALTとの打ち合わせにも利用できます。
右側の日本語訳を見て，授業で必要な英語表現を探したり，選んだりすることもできます。

遊び方の工夫等

遊び方のバリエーションや，効果をあげるための工夫の仕方を示しました。

Chapter 1
身につけたい！子どものための英語「生活語彙」

1.1 外国語の習得と語彙力

「語彙力は外国語能力の基本」と言われます。このことは，実際の体験からもわかります。例えば，海外旅行先のホテルで "Chicken! Chicken!" と繰り返したら思いどおりのレストランに案内してもらえた，デパートで "Bag!" "Brown!" と言って，"That!" と指をさしたらお目当てのバッグを購入できた，フリー・マーケットで "Discount!" を連発したらいい買い物ができた。そういう話を聞いたり体験したりしたことが，みなさんにもあるのではないでしょうか。

単語で意思を伝えられるということは，聞き手の立場に立つと，単語を聞き取れると相手の言いたいことがかなりの程度理解できるということです。すなわち外国語のコミュニケーションにおいて，語彙力は強力な武器になるということです。もちろん単語だけで伝えたり，理解したりできる情報は限られています。しかし，少なくとも語彙力が外国語能力の第一歩であるとは言えそうです。

外国語の習得に語彙力が大きな役割を果たすとすれば，小学校で子どもたちが多様な英語の語彙に触れることは意義あることです。実際に研究者の中には，語彙の獲得は早期外国語教育の中心的役割であるとか，小学校学習指導要領でいうところのコミュニケーション能力の「素地」のひとつは語彙力であるという人がいます（バトラー後藤, 2005; Cameron, 2001; 萬谷他, 2011）。

1.2 生活語彙の不足

それでは小学校ではどのような英語の語彙を扱うとよいでしょう。筆者が勤務する千葉大学教育学部では，2002年に「総合的な学習の時間」の中で英語活動が始まったことに合わせ，早期英語教育の先駆者である久埜百合先生に「小学校英語」の授業を担当していただきました。講義の中で久埜先生は「小学校英語は，中学校ではできないこと，中学校では遅すぎることをするのです」とおっしゃっていました。そこで私たちは語彙指導における「中学校ではできないこと」とは何かを明らかにするために調査を始めました。

最初に文献調査を行いました。その結果，日本人の英語力の問題として，生活語彙が不足しているという指摘が，かなり以前からあることがわかりました（堀内, 1976; 松原, 1987; 毛利, 2004; 鶴田, 1991; 山家, 1966）。次に，実際に中学・高校の英語検定教科書で生活語彙がどのように扱われているか英語教育の実情を調査しました。調査の方法は，全国共通テキストとして

2008年に発表されたばかりの『英語ノート（試作版）』の「指導書」で扱われている語彙と，採択上位の中学・高校英語教科書の出現語彙を集めて，すべての語彙を *Longman Lexicon of Contemporary English*（McArthur, 1981）の意味分類にしたがって「生物」，「身体」，「人間」といった14の意味分野に分類し，構成比を比較しました（図3）。

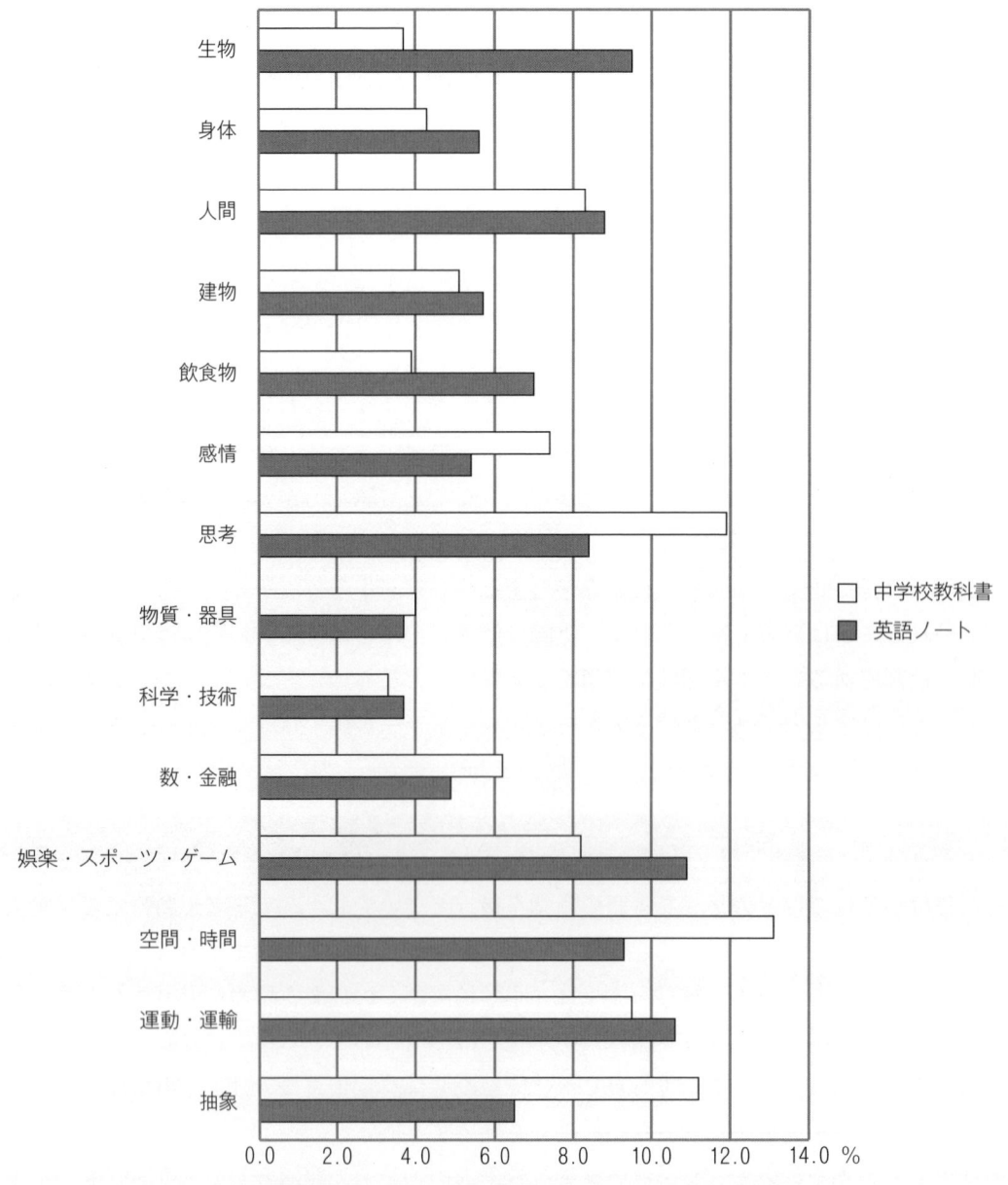

図3　『英語ノート』と中学校教科書語彙の意味分野の比較

図3で小・中学校の間で割合の差が大きく，それぞれの特徴を顕著に表している分野は，

『英語ノート』では「生物」（例 butterfly, elephant）,「娯楽・スポーツ・ゲーム」（例 baseball, dance）,「飲食物」（例 juice, milk）の語彙である一方，中学校の英語教科書では「抽象」（例 culture, purpose）,「空間・時間」（例 area, suddenly），思考（例 decide, opinion）に属する語彙であることがわかりました。さらに高校の英語教科書との比較でもほぼ同じ結果が得られました。こうして中学・高校教科書で扱う語彙は，小学校英語で扱う語彙と比べて生活関連の語彙の比重が低いことが確認できました（中條・西垣, 2010）。

これらの結果を踏まえ，私たちは中学校でできないことのひとつは「生活語彙の習得」であり，小学校外国語活動で生活語彙を増強することは，日本人の英語力の向上に役立つであろうと考えました。

1.3 子どものための生活語彙の選定

次に，語彙学習の効率を高めるための生活語彙を客観的に選定しました。本書で扱っている生活語彙の選定手順を簡潔にまとめたものが図4です。以下に，図4に沿って生活語彙の選定手順を説明します。

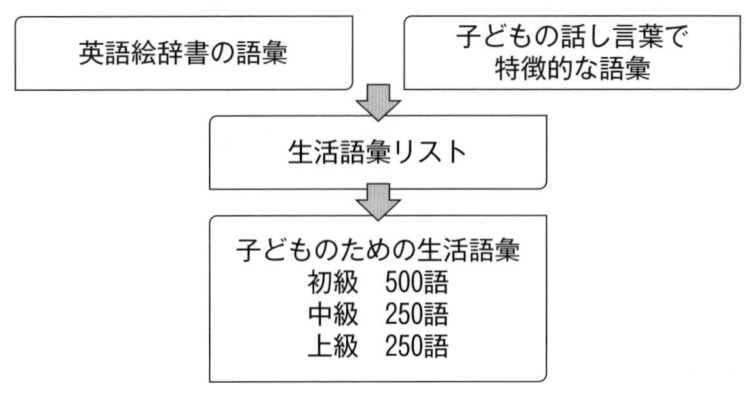

図4 「子どものための生活語彙」の選定手順

「生活語彙は絵辞書に多く含まれる」という指摘があります（井上, 1985; 椎名・中條・竹蓋, 1988; 橘高, 2000; 松村, 2004）。そこで,「英語絵辞書の語彙」を収集しました。英語絵辞書の語彙には海外で出版された絵辞書20冊の語彙（4,691語）と国内で出版された絵辞書10冊の語彙（3,897語）を集めました。次に絵辞書の語彙は書き言葉なので，話し言葉を加味するために，ウェブで公開されている子ども（2歳から小学校5年生）の話し言葉データ（Child Language Data Exchange System, 約100万語）を収集しました。そして大人の話し言葉データ（British National Corpus, 約1,000万語）と比較し，子どもの話し言葉によく使われる語彙を選びました（4,161語）。

以上のすべてのデータを統合して「生活語彙リスト」（5,259語）を作成しました（Chujo, Oghigian, Utiyama, Nishigaki, 2011）。そして学校教育と連動させるために，中学・高校の英語教科書の語彙等と照らし合わせて，初級500語，中級250語，上級250語の合計1,000語からなる「子どものための生活語彙1000」を選びました（西垣・中條・樫村，2007；西垣・中條・カトウ，2008）。本書は，こうして選定された初級500語のうち，名詞128語，動詞30語，形容詞10語を学ぶ教材です。

1.4　選定した生活語彙の妥当性

次いで私たちは，客観的に選定した「子どものための生活語彙初級500語」が，学習語として妥当なものかどうかを確認しました。選定語彙の妥当性は，1) 学年レベル，2) 意味分野の分布，3) カバー率という3つの観点から検証しました。

はじめに「子どものための生活語彙初級500語」を「アメリカ人の子どもが何年生で習得するか」という観点から調査しました。その結果，平均すると小学校1～2年生で習得する語彙であることが確認できました。次に前述の *Longman Lexicon of Contemporary English*（McArthur, 1981）に基づいて，「子どものための生活語彙初級500語」がどのような意味分野の語彙で構成されているかを調査したところ，中学・高校教科書の語彙を補うことが確認できました。最後に，中学・高校の英語教科書の語彙に「子どものための生活語彙初級500語」を補足すると，生活場面で出会う生活語彙を含む割合（カバー率）を53.3％から70％へと上昇させることが確認できました（Chujo, Oghigian, Utiyama, Nishigaki, 2011）。

以上の結果から，「子どものための生活語彙初級500語」が子どものための学習語として妥当であることが確認できました。

1.5　生活語彙の習得状況

最後に，実際に子どもたちは英語の生活語彙をどの程度知っているのかについて調査しました。調査は，「子どものための生活語彙初級500語」から単語を選び，発音を聞いてその意味を答えるというもので，千葉県内の公立中学校1年生87名，中学校3年生60名，さらに国立大学教育学部の大学2年生20名を対象に実施しました。調査した主な生活語彙とその正答率を表1にまとめました。

表1を見ると全体的に正答率が低いことから，生活語彙の知識は十分でないということがわかります。興味深いことに，中学1年生で正答率の低い語は，中学3年生でも同じように正答率が低くなっています。また，中学生と大学生で共通してたずねた broom（ホウキ），snail（カタツムリ），seal（アザラシ），rooster（オンドリ），caterpillar（アオムシ）の正答率には，中学生と大学生で大差は見られません。つまり教科書をとおして学ぶ機会の少ない語彙は，中学，高校，大学と英語学習の経験を重ねても，身につける機会が乏しく，意識して学ばない限

り身につかないということがわかります。こうした結果からも，小学校で「子どものための生活語彙初級500語」を学ぶ価値は高いと考えます。

以上のことを総合して，「子どものための生活語彙初級500語」は，小学校で学習する意義ある語彙と考えます。

表1　生活語彙の習得状況

生活語彙	中1 87名	中3 60名	生活語彙	大学生 20名
broom	0％	2％	chick	0％
snail	0％	3％	sled	0％
seal	1％	0％	sandbox	0％
pear	1％	5％	broom	5％
comb	1％	2％	rooster	5％
peas	2％	5％	raccoon	5％
pillow	3％	5％	pan	10％
ladder	5％	5％	stove	10％
rooster	6％	12％	seal	10％
owl	7％	5％	snail	15％
blanket	18％	37％	rhinoceros	15％
caterpillar	20％	15％	squirrel	30％
cucumber	49％	30％	drawer	35％
omelet	56％	62％	caterpillar	35％
steak	56％	38％	bucket	45％
pudding	82％	67％	lamb	45％

1.6　『Hi, friends!』の語彙

2008年に発表された『英語ノート』は，2012年4月から『Hi, friends!』にかわり全国で使われています。そこで『Hi, friends!』の語彙と，本書で学ぶ生活語彙168語を比較しました。分析には，文部科学省がウェブ上で公開している「Hi, friends! を活用した年間指導計画例」の中の，各単元の「表現例・語彙例」の欄に表れる語彙を「『Hi, friends!』の語彙」として集めました（http://www.mext.go.jp/a_menu/kokusai/gaikokugo/1314837.htm）。

『Hi, friends!』と「本書で学ぶ生活語彙168語」に共通して現れる語彙には，巻末の付録1「本書で扱う『生活語彙』168語」に★を付けて示しました。指導計画を立てる際には，付録の語彙一覧表をご活用ください。

Chapter 2
カルタを使った「生活語彙」の指導アイデア

2.1　小学校英語—たくさん聞いて，話すことを急がない

　小学校英語では，話すことを急がず，聞くことを大切にします。その第一の理由は，聞くことをとおして，正しい英語の文構造の芽が頭の中に作られるからです。それは，私たちが「コンビニの買い物が行くよ」とか「昨日は晴れるよ」と聞いたときに「変だぞ」と違和感をおぼえるような力です。外山滋比古氏は，日本語におけるこうした能力を「絶対語感」と呼んでいます（外山，2003）。中学校の入門期には，「私はサッカーが好きです」と英語で伝えようとして，「好き = like」，「です = am」から，"I am like soccer." という間違いが見られます。それに対して，聞くことをとおして英語の「絶対語感」が育っていれば，"I am like soccer." と聞いたり，言ったりすれば，「おや，変だぞ」と察知できます。つまり，たっぷり聞くことをとおして，間違いに対する自己修正能力の芽が育つのです。

　他にも理由はあります。まず，相手の言っていることを理解できなければ，会話は続きません。また，子どもの母語習得の過程を見ると，2歳頃までは話さないけれど言われたことは理解できる時期（silent period：沈黙の期間）があること，言語の習得は「聞く⇒話す」の順に進むこと，十分な音声経験を積んだのちに話が始まることがわかります。古代の賢人は "We have two ears and one mouth so that we can listen twice as much as we speak." （私たちが耳を二つ持って，口を一つしか持たないのは，話すよりも2倍多くのことを聞くためだ）と言って，聞くことの重要性を説きました。そして現代でも「話し上手は，聞き上手」と言って，聞くことの大切さを強調しています。多くの英語学習者が「英語を話せるようになりたい」と願っていますが，話す力の習得にはその前提として聞く力の習得が不可欠であると言えます。言語習得の入り口は「聞くこと」なのです。

2.2　小学校英語と中学校英語の接続

　小学校で英語を聞く経験を積むことは，中学校以降の英語の学びを支えます。それは，日本語の習得過程に照らして考えるとわかりやすいでしょう。日本語の場合，子どもたちは文字の学習が始まる以前に，日本語を聞く経験をたっぷり積んで小学校に入学し，聴覚像ができあがっている言葉に対して「読む・書く」の学習をスタートさせます。

　ところが，小学校英語が始まる以前の英語教育では，中学校に入学すると英語学習が始まり，「聞く，話す，読む，書く」の学習がほぼ同時にスタートしました。新入生は初めて耳にする

外国語について説明を聞いて，数回CDを聞いて音読練習をした後に，聞いてわかる，発音できる，読んで理解できる，さらに暗唱することが求められました。そして数日後には単語テストや暗唱筆写テストが待っていました。発音が十分に身についていないうちにテストがあれば，生徒はローマ字にあてはめて無理やり綴りを覚えるしかありません。その結果，takeは「タケ」に，Mikeは「ミケ」と覚える生徒も出てきます。

さらに予習と称して，まだCDすら聞いていない単元をノートに書き写し，日本語に訳してくることが宿題に課されることがあります。文字に不慣れなうえに，発音の仕方もわからないのですから，1文字1文字見て書き写します。これは時間のかかる苦痛な作業です。日本語では何年もかけてゆっくりと身につけてきたことを，英語では聴覚像が十分に育っていない状態で，聞けて，言えて，読めて，書けることをほぼ同時に達成することが求められていました。

小学校外国語活動が始まったことで，英語の音声に慣れ親しむ段階を小学校で経験するようになりました。小学校で英語の音声にたっぷりと触れて慣れ親しむことは，児童の言語体験を豊かにし，ゆるやかな言語習得の道筋を開きます。それはその後に始まる本格的な英語学習の土台となるのです。

2.3 カルタの有効性

本書で提案するカルタは，言語習得の観点，教育的な観点，心理的な観点，実用性の観点から効果を期待できます。

まず言語習得の観点では，子どもたちは遊びをとおして自然な形で英語に触れます。授業では，子どもたちは先生の英語を聞いて「わかったふり」をして時間を過ごしているかもしれません。しかしカルタでは英語を聞いて理解しなければゲームに参加できないので，積極的に聞いて絵札を取って理解したことを行動で示します。いろいろな遊び方をとおして同じ英文や単語に繰り返し触れ，段階を踏んで言葉を身につけます。

教育的な観点では，正しい絵札を取れたかどうかによって，自分の理解が正確だったかを即座に確認できます。先生も子どもたちの理解度をその場で把握できます。また，カルタには音声情報と文字情報があり，両者を単独であるいは組み合わせて4技能を統合的に育成できます。小・中学校で「個別，ペア，グループ，全体」と形態を変えて活用できます。

心理的な観点では，カルタは楽しい活動で，話すことが強要されないので，人前で英語を話すことに抵抗感の出てくる高学年や，恥ずかしがり屋の子どもたちも安心して参加できます。ルールが単純なので気軽に取り組めます。遊び方の種類が豊富なので，同じ教材を飽きずに繰り返して使うことができます。

実用性の観点では，カルタは軽くて持ち運びが便利で，保管が簡単で繰り返し使えます。特別な技術や知識は必要なく，使い方が容易です。図5には，本書で提案するカルタの有効性をまとめました。

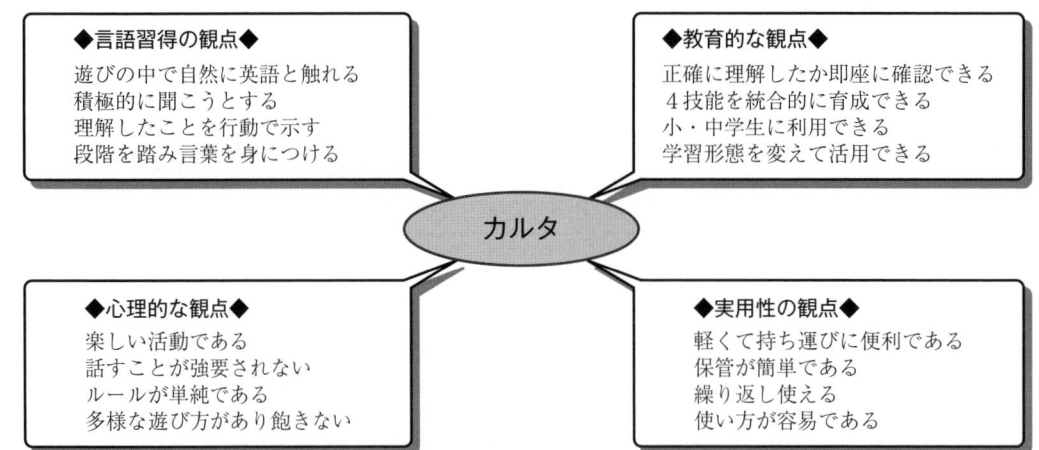

図5　本書で提案するカルタの有効性

2.4　カルタの実践と成果

　本書のような形式の絵札と読札がセットになったカルタを使って，小学校から高校まで指導実践を試みました。小学校での実践報告には樫村（2007），小林（2012），西垣・中條・小松（2009），西垣・山下・小林・田村（2012）があります。例えば西垣・中條・小松（2009）では，小学2年生が週に2～4回，朝の会の10～15分を使ってavocado, carrot, celery, onion, soy等32語の生活語彙を合計10回の活動をとおして学びました。指導の前後に，文中に出てくる学習語を聞き取ってその意味を答えるテストを行いました。プリテストと同一のポストテストを行ったところ，プリテストでは63点でしたが，指導終了2日後のポストテストでは96点に上昇し，夏休みをはさんで指導2か月後に定着状況を確認した結果は94点で，得点の下降はほとんど見られませんでした。

　中学校での実践や小・中連携を試みた実践には西垣・山下・田村・高山（2012），茂呂（2011），白木（2010），高橋（2013），高橋・西垣（2012a, 2012b），矢野（2009）があります。例えば矢野（2009）では，中学1年生がblanket, purse, beans, spinach, dragonfly等40語の生活語彙を，英語授業の冒頭の約10分を使って合計16回学びました。学習語を聞いて意味を答える，3つのヒントを聞いて単語を答える，I like pears very much.という英文を聞いて，その後に続く「何が好きですか」という質問に日本語で答えるテストを指導の前後に行ったところ，プリテストは37点でしたが，指導終了の翌日に行ったポストテストでは79点に上昇し，指導1か月後のテストは73点でした。こちらも得点の下降は小さいものでした。

　高橋・西垣（2012a）では，同一の子どもたちが共通のカルタ教材を使って，小学6年生では聞くことを中心に6回授業を行い，中学入学後には同じ教材を使って，授業冒頭の10分間に音声から文字への移行を目指して9回指導しました。そのうち2回が実際に書く活動でした。その結果，小学6年生では英文の内容を聞き取るテストが75点から86点へと向上し，中学1年

生では単語を聞いてその単語の綴りの一部を書き取るテストでは，限られた指導時間にもかかわらず35点から58点へと得点が向上しました。また，高橋（2013）は，小学5年生から中学3年生までの学習者に，同一のカルタ教材を使って指導した結果，聞き取り，文字，英作文等について向上があったことを確認しています。

さらに西垣・中條・カトウ（2008）では，いわゆる指導困難校といわれる高校の1年生が2回の授業の中で，カルタを使って生活語彙を学びました。音声を聞いて意味を答える，3つのヒントを聞いて単語を答えるというテストで効果を確認したところ，プリテストの得点は31点でしたが，指導終了2日後に行ったポストテストは71点でした。

それぞれの実践では，学習後に質問紙を使って感想を集めました。「カルタを使うと楽しくなるし，覚えやすいから続けてほしい」「みんなで楽しく英語を覚えられて，チームワークも深まって良いと思います」「とても楽しかったです。これからもたくさん英語をやりたい」「英語のカルタをまたやりたい」「知らないうちに夢中になっていた」等の感想が寄せられました。また小学6年生と中学1年生で共通教材を使って学んだ中学生のうち73％が「カルタを見たときに『小学校と同じだ』と思ってホッとした」と感じていたこともわかりました。

高校での実践では指導回数は少なかったものの，英語が嫌いで学習全般に対して意欲を持ちづらい生徒から，「面白くて，覚えやすかった」「カルタで単語をいつもより早く覚えることができた」「カルタで単語がかんたんに覚えられた」等の感想が寄せられました。カルタを使うと，楽しく英語に触れる機会が生まれ，通常とは異なる学習方法によって学習困難な生徒の動機づけに役立つことがわかりました。

以上のことから，カルタは遊びをとおして英語に触れ，語彙力やリスニング力をはじめ，英語力の育成に有効な学習教材のひとつであると考えます。

2.5　カルタを使ったいろいろな活動

(1) カルタ活動の4つのステージ

語彙とは1度覚えたらそれで学習完了というものではありません。小学校では図6が示すように，子どもたちは，1）学習語と初めて出会い（導入），2）その語に繰り返し触れて慣れ親しみ理解できるようになり（理解），3）言う経験をとおしてそれを身につけ（定着），4）その語を使って自分の伝えたいことを表現する発信力を培います（表現）。こうした4つのステージは，中学校における「PCPP型」の指導と対応していて（村野井，2006），最初のPはPresentation（提示），CはComprehension（理解），2つ目のPはPractice（練習），最後のPはProduction（産出）を表します（図6）。

中学校が小学校と大きく異なるのは「練習」と「産出」のステージです。中学校では練習のステージで，生徒も先生も練習であることを意識して復唱したり文型ドリルを行った後，産出活動を行います。一方，小学校では練習とは気づかぬようにさりげなく定着活動が行われるこ

とが多いと言えます。また，中学校では産出活動の目的が「ターゲットである語彙や文法項目の定着と応用」であるのに対して，小学校では「自己表現や発表活動そのものが授業や単元のねらい」であり出口となっています。

Stage	外国語活動の手順		中学校英語の手順
Stage 1	導　入	学習語と出会う	Presentation（提示）
Stage 2	理　解	学習語をわかる	Comprehension（理解）
Stage 3	定　着	学習語を身につける	Practice（練習）
Stage 4	表　現	学習語を使って表現する	Production（産出）

図6　カルタ活動の4つのステージ

　小・中学校で同じ枠組みに基づいて語彙習得がとらえられることから，図6の枠組みを軸にした小・中連携が可能であると考えます。例えば小学校では，第1と第2ステージに重きを置いて指導し，中学校では第3，第4ステージへと重点を移します。また小学校では音声をとおして第1から第4ステージを経験し，中学校では文字を介して同じステージを踏むことも考えられます。カルタを利用すれば中学校においても小学校と同じように，時間をかけてゆっくりと語彙を記憶に浸透させて自己表現力を育てることもできます。

（2）カルタ活動と教室英語

　日本では，英語の授業以外に子どもたちが英語に触れる機会はほとんどありません。したがって英語の授業では，「教室英語」をとおして子どもたちが少しでも多くの英語に触れられるようにします。小学校の先生方には人前で英語を話すことはハードルの高いことですが，思い切って1歩を踏み出すと，回数を重ねるうちに徐々に英語で話すことに慣れ，話す量も増えてくることでしょう。はじめは英語を使う場面を絞って，短くて簡単な英語を使って授業の一部を英語で行い，徐々に英語を使う場面を増やします。言葉は使わなければ，決して使えるようになりません。読札のヒントやこのあと紹介する Classroom English の例 は先生が教室で使う英語の参考となるでしょう。しかし，言語習得には聞くことが大切だからと言って理解できない言葉を浴びせるように聞かせても言葉は習得されません。ジェスチャー，表情，写真，イラスト，実物等を見せたり，デモンストレーションを交えて説明したりして，子どもたちの英語の理解を促進するように支援します。

　次のページからはカルタを使った様々な活動を紹介します。活動は図6の4つのステージに分けて「小・中連携」と「4技能の統合」を視野に入れて紹介します。先生方には，子どもたちの発達段階や英語の習得状況を見て，目の前の子どもたちにふさわしい活動（遊び方）を選んでご利用ください。またそれぞれの活動で先生が使える教室英語も紹介します。

Stage 1:「導入」を目指した活動

新しい学習語の導入には，カードを見せて "Listen and repeat!" することが多いと思います。ここでは一味ちがう導入と "Listen and repeat!" の方法を紹介します。

Stage 1 導入

 聞いて，見せて

Listen and Show

レベル：★
時間：5〜10分
形態：個別，ペア
絵札：図・動・形 8〜16枚
先生用Ａ４判も用意

1人1人をチェックしながら，学習語を導入します。

≫ 進め方

❶ 子どもたちは絵札を扇のように広げて両手で持ちます。ペアで1セットの絵札をシェアするときは半分ずつ持ちます（絵参照）。
❷ 先生はＡ４判に拡大した絵札を使います。1枚を選び3回発音します。まだ子どもたちには絵札を見せません。聞くことに集中させます。
❸ 次に先生は絵札を子どもたちに見せて意味を提示します。そしてもう1度発音します。
❹ 子どもたちは復唱して自分の絵札から先生と同じ絵札を見つけて高く上げます（絵参照）。
❺ 先生は子どもたちが正しい絵札を選んでいれば，絵札を指さして1人ずつ "Good! Good! Good! ..." とテンポよく声がけしていきます。
❻ 全員が正しい絵札を上げたら，❷〜❺を繰り返します。

Classroom English の例

① Hold the cards like a fan.
② Listen carefully. *Bicycle! Bicycle! Bicycle!*
③ Look at this card.
　 This is a *bicycle*.
④ Repeat after me, *bicycle!* （Ss:*Bicycle!*）
⑤ Now show me YOUR bicycle.
⑥ Good! Good! Good! ...（1人ずつ指さして確認）

① 絵札を扇のように持ってください。
② よく聞いてください。"*Bicycle!*"（×3）
③ この絵札を見てください。
　 これが *bicycle* です。
④ 復唱してください。
⑤ あなたの *bicycle* を見せてください。
⑥ いいです，いいです，いいです。

遊び方の工夫等

☆ 導入の段階では「文字なし絵札」を使うとよいでしょう。文字があると文字を見て発音する子どもがいるからです。音と意味が結びつくようになったら「文字あり絵札」を使います。
☆ はじめは発音に集中させるために，絵札を見せずに，発音だけを聞かせます。その後，絵札を見せて，意味を提示します。絵札があるので日本語に訳す必要はありません。
☆ 16語の新しい学習語を導入してもよいでしょう。1度にすべて覚えるわけではなく，様々な活動をとおして同じ語に繰り返し触れて，ステップを踏んで，徐々に定着させていきます。

Stage 1 導入

2 消えたカード
Missing Cards

レベル：★
時間：5〜10分
形態：全体
絵札：図・動・形 先生用Ａ４判 ８〜16枚

正解が出ると拍手喝采が起こります。

>> 進め方

❶ 先生が学習語を３回発音します。子どもたちはそれを注意深く聞きます。まだ絵札は見せません。聞くことに集中させます。

❷ 次に先生はＡ４判に拡大した「文字なし絵札」を見せて意味を提示し，黒板に貼ります。

❸ 子どもたちは絵札を見て意味を確認し，先生のあとについて復唱します。

❹ 同じ方法で，１語ずつすべての学習語を導入し，絵札を黒板に貼ります。

❺ 子どもたちに目を閉じるように指示します。先生は絵札を１枚黒板からはずして隠します。

❻ 子どもたちに目を開くように指示し，消えた絵札は何か質問します。

❼ 子どもたちは消えた絵札を答えます。

Classroom English の例

① Listen carefully. *Monster! Monster! Monster!*
② Look at this card.
　 This is a *monster*.
③ Repeat after me, *Monster!* （Ss:*Monster!*）
④ Listen to the next word. ［絵札をすべて導入する］
　　　　　＊＊＊＊＊
⑤ Now close your eyes. ［絵札を１枚隠す］
⑥ Open your eyes!
⑦ One card is missing.
　 What is it?　（S:*Monster!*）
⑧ Great! *Monster* is missing.
　 You have a good memory, Shun!

① よく聞いてください。
② この絵札を見てください。
　 これが *monster* です。
③ 復唱してください。
④ 次の単語を聞いてください，"*Monster!*"
　　　　　＊＊＊＊＊
⑤ では，目を閉じてください。
⑥ 目を開けてください！
⑦ 絵札が１枚なくなっています。
　 それは何でしょう？
⑧ いいですね！ *Monster* がありません。
　 すごい記憶力です，シュン！

遊び方の工夫等

☆ 絵札の数が多くなると難易度が上がり，正解が出たときの歓声が大きくなります。

☆ 活動に慣れたら，１度に２枚，３枚の絵札を隠します。

☆ 絵札を隠して，残った絵札の位置を変えると，さらに答えるのが難しくなります。

☆ 数回このゲームをすると子どもたちは展開を予想し，友だちから賞賛されたくて，熱心に単語を覚えます。英語が不得意な子どもたちは，消える絵札にヤマをかけて答えます。

Stage 1 導入

  カードにあるのは、な〜に？
What's on this card?

レベル：★
時間：5〜10分
形態：全体
絵札：図・動・形 先生用Ａ４判 8〜16枚

ゲームに参加したくて単語を覚えます。

≫ 進め方

❶ 「❷消えたカード」の❶〜❸と同じ方法で、１語ずつ学習語の発音と意味を確認し、黒板にアトランダムに貼ります。その際、絵札をウラにして黒板に貼ります。

❷ 絵札をすべて黒板に貼ったら、絵札の１枚を指して、"What's on this card?" と質問します。

❸ 子どもたちから答えが出たら、先生は絵札の端を少しだけめくって答えを確かめます。

❹ 正解だったら絵札をオモテにして貼って、正解した人をほめます。

❺ 不正解だったら、絵札はウラのままで、さらに他の答えを求めます。

❻ ❷〜❺を繰り返し、すべての絵札がオモテになったら活動終了です。

Classroom English の例

[すべての語を導入し、絵札をウラにして黒板に貼る]

① Now do you remember?
　What's on THIS card? (S1:*Train!*)

② No, it's not a *train*.

③ Do you remember? What's on THIS card?
　(S2:*Tiger!*)

④ Great! It's a *tiger*.

⑤ Now, how about this card?
　What's on this card?

① さあ、覚えていますか？
　この絵札にあるのは何ですか？

② いいえ、*train* ではありません。

③ 思い出せますか？　この絵札にあるのは何でしょう？

④ すごい！　*tiger* です。

⑤ では、この絵札はどうでしょう？
　この絵札にあるのは何ですか？

遊び方の工夫等

☆ 絵札の数が多くなると覚えるのが難しくなり、正解が出たときの歓声が大きくなります。

☆ 英語が苦手な子どもたちは、絵札にヤマをかけてそれだけを覚え、そのカードがたずねられると自信を持って大きな声で答えます。

Stage 1 導入

 4 立って，座って
Stand Up! Sit Down!

レベル：★
時間：5〜10分
形態：個別，ペア，グループ
絵札：図・動・形 8〜16枚

ルールが単純で，スピードのある活動です。

≫ 進め方

❶ 先生と子どもたちは同じ絵札を持ちます。子どもたちは好きな絵札を1枚選び，自分の前に置きます。それ以外は脇に置きます。

❷ 先生は絵札から1枚を選び発音します。子どもたちは復唱します。

❸ 先生が読んだ絵札と同じ絵札を選んだ人たちは，絵札を先生に見せて立ちます。

❹ 先生は子どもたちが見せている絵札を素早く確認して，その人たちを座らせます。

❺ 先生は次の絵札を選び，❷〜❹をテンポよく繰り返します。子どもたちは，先生の発音を聞いて立ったり座ったりします。

Classroom English の例

① Choose a card.
② Put it in front of you.
③ Put the other cards aside.
④ Now listen and repeat, *bridge!* （Ss:*Bridge!*）
⑤ Do you have a *bridge*?
⑥ If you have it, stand up! Quickly!
⑦ Good! Now sit down.
⑧ Do you understand the game?
⑨ Listen to me carefully. If you have the card, stand up quickly. Then sit down. Okay?
⑩ Now, let's start.

① 絵札を1枚選んでください。
② あなたの前に置いてください。
③ その他の絵札は脇に置いてください。
④ 聞いて復唱してください，"*bridge!*"
⑤ *bridge* がありますか？
⑥ それがあれば，立ってください！速く！
⑦ いいですね！では，座ってください。
⑧ 活動はわかりましたか？
⑨ 私の言うことをよく聞いて，その絵札があれば急いで立って，そして座ってください。いいですか？
⑩ では，始めましょう。

遊び方の工夫等

☆ 子どもたちがはじめに選ぶ絵札は2枚，3枚でもかまいません。枚数が多いと立ち上がる回数が多くなります。

☆ 子どもたちが活動に慣れたら，先生は1度に2枚の絵札を読みます。子どもたちはどちらかの絵札を持っていれば立ちます。1度に立つ子どもの数が増え，動きが活発になります。

☆ 列ごとに絵札を割り当てます。先生が絵札を読んだら，その絵札の列は全員立ち上がります。

Stage 1 導入

5 シー！
Shhhhh!

レベル：★
時間：5分
形態：全体
絵札：图・動・形 先生用A4判 8～16枚

リッスン＆リピートに緊張感を持たせます。

≫ 進め方

❶ 「❷消えたカード」と同じ方法で，1語ずつ，すべての学習語を導入して，発音と意味を確認します。絵札は，オモテにして黒板に貼ります。

❷ 「動物」「赤いもの」「体の部分」等，「サイレント・カテゴリー」を決めます。

❸ 子どもたちを全員立たせます。黒板に貼った絵札をさしながら，先生はテンポよく，ランダムに絵札を読み上げます。子どもたちは復唱します。ただし，「サイレント・カテゴリー」に属する単語は，復唱してはいけません。子どもたちは黙っています。

❹ 間違えて「サイレント・カテゴリー」の単語を復唱した人は，座ります。座ってリッスン＆リピートを続けます。

❺ 最後まで立っていた人が勝ちです。

Classroom English の例

① I'll point to a card.
② Please repeat after me.
③ If I say a "Body Part," then shhhhhh!

④ Don't repeat it.
⑤ It's in "the silent category."

⑥ Do you understand?
⑦ Now stand up and let's begin the game.

① 私が絵札をさします。
② 復唱してください。
③ 私が「カラダの部分」の単語を言ったらシーです！

④ 復唱してはいけません。
⑤ それは「サイレント・カテゴリー」の単語です。

⑥ わかりましたか？
⑦ では，立ち上がってゲームを始めましょう。

遊び方の工夫等

☆ リッスン＆リピートは授業中に頻繁に行われる活動です。しかし，子どもたちは機械的に復唱をして時間を過ごしているかもしれません。「❺シー！」は，子どもたちが能動的に頭を働かせながら復唱することができます。

☆ 復唱のテンポを上げると，子どもたちはさらに集中して聞きます。

Stage 2：「理解」を目指した活動

「聞いて理解する」活動の中で人気が高いのはビンゴとカルタです。いろいろなバリエーションを紹介します。中学校への橋渡しとして，「読んで理解する」活動も紹介します。

Stage 2 理解

⑥ ビンゴ
Bingo

レベル：★
時間：5〜10分
形態：個別，ペア
絵札：図・動・形 8，9，16枚

スピードがあって，集中して聞きます。

≫ 進め方

❶ 絵札をオモテにして，縦3枚×横3枚，または縦4枚×横4枚に並べます。
❷ 先生が単語を読みます。
❸ 子どもたちは復唱します。絵札を見つけて，ウラ返します。
❹ 絵札9枚の場合は5〜6枚程度，16枚の場合は10〜12枚程度の絵札が裏返しになったら，ゲーム終了。通常のビンゴは，1つビンゴができるとその人は "Bingo!" と言ってゲーム終了ですが，ここでは先生が "Stop!" と言うまで全員がビンゴを続けます。
❺ 縦・横・斜めのいずれかがすべてウラになったら「1ビンゴ」です。ビンゴがいくつできたかを数えます。
❻ 1番多くビンゴができた人が勝ちです。

Classroom English の例

① Put your cards in a row three by three, face up.	① 絵札をオモテにして縦3列，横3列に置いてください。
② I'll say a word, for example, *soup*!	② 私が，例えば "*soup*!" と言います。
③ Everyone, repeat!（Ss:*Soup*!）	③ みなさん，復唱してください。
④ Find the card. Turn it over.	④ その絵札を見つけてウラにしてください。
⑤ Keep going until I say, "Stop!"	⑤ 私が "Stop!" と言うまで続けてください。
＊＊＊＊＊	＊＊＊＊＊
⑥ Now STOP!	⑥ 止め！
⑦ How many bingos do you have?	⑦ いくつビンゴがありますか？
⑧ I have one… Raise your hand.	⑧ 1つあります… 手をあげて。
⑨ I have two… Raise your hand.	⑨ 2つあります… 手をあげて。
⑩ I have three… Raise your hand.	⑩ 3つあります… 手をあげて。
⑪ You're the champion, Masaki!	⑪ あなたが優勝です，マサキ！

遊び方の工夫等

☆ はじめに先生が単語を読み，子どもたちが絵札を探して，好きなところにそれを置いてビンゴを始めると，聞く回数が1回多くなります。
☆ 慣れてきたら，単語を言うテンポを速くします。緊張感を持って集中して聞きます。
☆ 先生がトントントントンとペンで机を叩いてリズムをとって単語を読むと，自作のチャンツになります。リズムに乗せてテンポよくビンゴができます。
☆ 読み上げる単語を，席順に1人ずつ言わせることができます。ペンを叩いてリズムをとると，子どもたちはリズムに乗って，自分に有利な単語を考えて言います。
☆ 発音と意味が結びつくようになったら，先生は学習語をフレーズや英文に入れて言います。
　例　T：Turn over a *bridge*.　Ss：Turn over a *bridge*.
　　　T：*Close* the door.　Ss：*Close* the door.（動詞と形容詞の英文は読札を読みます）
☆ 方眼紙でビンゴボード（下図参照）を作って子どもたちに持たせると便利です。
☆ 9マスのビンゴボードは真ん中をフリーにすると絵札8枚で活動ができます（下図参照）。

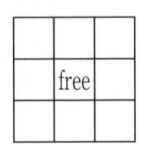 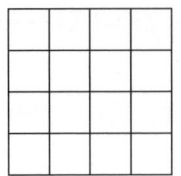

　9マスのビンゴボード　　16マスのビンゴボード

その他の Classroom English の例

① This time, each student says one word.
② Maki, please say a word.（S1:*Rice*!）
③ Everyone, repeat.（Ss:*Rice*!）
④ Good!
　　Find the card and turn it over.
⑤ Next, Hiroshi, you say a word.（S2:*Head*!）
⑥ Good! Like this, everyone says a word in turn.
⑦ Now, let's start the bingo game.
　　　　　　＊＊＊＊＊
⑧ Now STOP! Count your bingos.
⑨ How many bingos do you have?
⑩ Who has one bingo? Who has two bingos? Who has three bingos?
⑪ You are the champion, Yuki!

① 今度は1人ずつ，1つの単語を言います。
② マキ，単語を言ってください。
③ みなさん，復唱してください。
④ いいです！
　　絵札を見つけてウラにしてください。
⑤ 次は，ヒロシ，単語を言ってください。
⑥ いいですね！　こうして順番に単語を言います。
⑦ では，ビンゴを始めます。
　　　　　　＊＊＊＊＊
⑧ 止め！　ビンゴを数えましょう。
⑨ ビンゴはいくつありますか？
⑩ ビンゴが1つある人？　2つある人？　3つある人？
⑪ あなたが優勝です，ユキ！

Stage 2 理解

7 聞いて，答えて①
Ask and Answer ①

レベル：★
時間：5～10分
形態：個別，ペア
絵札：図・動・形 8～16枚

先生が質問をして，生徒が答えます。

>> 進め方

❶ 絵札を配ります。子どもたちは7割程度の枚数の絵札を自由に選んでオモテを上にして自分の前に並べます（10枚配布したら7枚程度を選びます）。残りの絵札は脇に置きます。

❷ 先生は配布した絵札から1枚を選び，"Do you have a *monkey*?" とたずねます。

❸ 子どもたちは自分の前に，*monkey* の絵札があれば，"Yes, I do." と言ってウラにします。*monkey* がなければ，"No, I don't." と答えます。絵札はオモテのままです。

❹ 先生が，配布した絵札の7割程度を読み上げたところでゲーム終了。

❺ 1番多く絵札がウラになった人が勝ちです。

Classroom English の例

① Please choose seven cards.
② Put them on the desk, face up.
③ I will ask you a question, for example, "Do you have a *king*?"
④ If you have one, say, "Yes, I do!"
⑤ Turn it over.
⑥ If you don't have one, say, "No, I don't."
⑦ Keep going until I say, "Stop!"
⑧ If you have the most cards face down, you are the winner.

① 7枚の絵札を選んでください。
② オモテにして机に置いてください。
③ 例えば私が，"Do you have a *king*?" と質問します。
④ その絵札を持っていたら "Yes, I do." と言ってください。
⑤ それをウラにします。
⑥ もしも持っていなかったら，"No, I don't." と言ってください。
⑦ 私が "Stop!" と言うまで続けます。
⑧ 1番多くのカードをウラにしたら，優勝です。

遊び方の工夫等

☆ 先生から子どもたちにたずねる質問の例です。

　Do you see a *queen* (on your desk)?

　Can you touch an *umbrella*?

　Can you pick up an *apple*?

☆ 「1番多く絵札がウラになった人が勝ち」とすると，"Yes, I do." の声が大きくなります。
「1番多く絵札がオモテで残った人が勝ち」とすると，"No, I don't." の声が大きくなります。

Stage 2 理解

 8 聞いて，答えて②
Ask and Answer ②

レベル：★
時間：5〜10分
形態：個別
絵札：図・動・形 8〜16枚

子どもたちが質問をして，先生が答えます。

≫ 進め方

❶ 絵札を配ります。子どもたちは7割程度の枚数の絵札を自由に選んでオモテを上にして自分の前に並べます（10枚配布したら7枚程度を選びます）。残りの絵札は脇に置きます。

❷ 子どもたちが全員で "What food do you like?" と先生に質問します。先生は絵札から単語を選んで "I like pizza." のように答えます。

❸ 子どもたちは先生の答えを復唱し，その絵札が自分の前にあればウラにします。
　例　Ss：What food do you like?　T：I like pizza.　Ss：You like pizza.

❹ 先生が全体の7割程度の絵札を答えたらゲーム終了。

❺ 絵札が1番多くウラになった人が勝ち（あるいは，1番多くオモテが残った人の勝ち）です。

Classroom English の例

① Please choose seven cards.
② Put them on the desk, face up.
③ Listen carefully. "What do you have?"
④ Ask me this question. (Ss:What do you have?)
⑤ My answer is "I have a *mirror*."
⑥ So you say, "You have a *mirror*." Find the card.
⑦ If you have it, turn it over.
⑧ Ask me the question again. (Ss:What do you have?)
⑨ Do you understand the game?
⑩ Let's start the game.

① 絵札を7枚選んでください。
② オモテにして机に置いてください。
③ よく聞いてください。"What do you have?"
④ この質問を私にしてください。
⑤ 私の答えは "I have a *mirror*." です。
⑥ "You have a mirror." と言って，絵札を見つけてください。
⑦ それがあればウラにしてください。
⑧ もう1度質問してください。
⑨ ゲームはわかりましたか？
⑩ ゲームを始めましょう。

遊び方の工夫等

☆ 子どもたちが先生にする質問例です。動詞カードのときは先生は読札を参考にして答えます。

　Ss：What do you use at school?　　　T：I use a *broom*. / I use *scissors*. 等
　Ss：What do you do at home?　　　　T：I *help* my mother. / I *cook* dinner. 等
　Ss：What do you want for Christmas?　T：I want new *gloves*. / I want a new *car*. 等

Stage 2 理解

9 カルタ
Karuta

レベル：★
時間：5〜10分
形態：個別，ペア，グループ
絵札：図・動・形 8〜16枚
　　　先生用Ａ４判も用意

発音と意味を結びつけます。

≫ 進め方

❶ 子どもたちは絵札をオモテにして机に広げます。両手を頭の上にのせます。
❷ 先生が単語を言います。子どもたちはそれを復唱して，絵札を探します。
❸ 先生の "One, two, GO!" の合図で，子どもたちは絵札を取ります。
　例　T：Needle!　Ss：Needle!　T：One, two, GO!（合図とともに絵札を取る）
❹ 先生はＡ４判に拡大コピーした絵札を使って，正解を確認します。
❺ 絵札をたくさん取った人が勝ちです。

Classroom English の例

① Find a partner.
② Spread the cards on your desk, face up.
③ Put your hands on your head.
④ I'll say a word, for example, *castle*.
⑤ Repeat after me, *castle*!
　（Ss:*Castle*!）
⑥ Look for the card.
⑦ When I say, "one, two, GO!" take the card.

① ペアになってください。
② 絵札をオモテにして机に広げてください。
③ 手を頭の上に置いてください。
④ 私が例えば，"*castle*" と言います。

⑤ 復唱してください，"*castle*!"

⑥ 絵札を探してください。
⑦ 私が "One, two, GO!" と言ったら，その絵札を取ってください。

遊び方の工夫等

☆ 競うのが苦手な子もいるので，1人1セットのカルタを使う **1人カルタ** は有効です。じっくりと英語を聞かせることができます。

☆ **対話カルタ** もできます。先生がパターンを固定して "Can you see *glue*?" と質問をし，子どもたちが "Yes, I can." と答えて絵札を取ります。絵札がないときは "No, I can't." と答えます。
　対話例　T：Do you have a *blanket*?　Ss：Yes, I do. / No, I don't.
　　　　　T：Can you give me a *box*?　Ss：Here you are. / Sorry, I don't have one.

☆ 発音と意味が結びつくようになったら，フレーズや文の中に単語を入れてカルタ取りをします。できるだけ大きなかたまりで英語に触れさせるためです。
　フレーズ例　T：A big *bridge*!　S：A big *bridge*!

英文例　T：I can see a *bridge*.　S：I can see a *bridge*.

☆ 中学生では子どもたちが絵札を読んで，生徒同士でカルタをします。読札を読むのでリーディングの練習になります。

☆ 先生が1度に2つ，3つの単語を読んで，子どもたちが同時に複数の絵札を取るようにすると難易度が上がります。

　例　T：*Cap* and *sweater*!　Ss：*Cap* and *sweater*!　T：One, two, GO!

☆ 絵札が残り1，2枚になると，英語をよく聞かずに絵札を取ろうとする人がいます。そこで，取り終わった絵札を再び読んだり，絵札と発音の似ている単語を言ってお手つきをさそったりします。そうして注意深く聞くようにさせます。

　例　T：*Rooster*!　Ss：*Rooster*!　S1：*Rooster*はもう取ったよ。お手つきだよ。
　　　T：*Bear*!　Ss：*Bear*!　S1：*Pear*はあるけど*Bear*はないよ。よく聞いて！

☆ "One, two, GO!"の合図で一斉に絵札を取るのは，素早く反応できない子どもたちに絵札を探す時間を与えるためです。

☆ 低学年がグループでカルタをするときは，同じ絵札を複数用意して，数名が同時に絵札を取れるようにします。子どもたちの満足感を高めるためです。

≫ 広がるインタラクション

　授業では，英語を使ってできるだけ子どもたちとインタラクションを図るようにします。子どもたちが絵札を取ったら，続けて先生が次のような質問を投げかけて対話を広げます。

クラスを巻き込む質問
　子どもたちの日常生活に関すること，子どもたちが共有する情報を質問します。

　例　T：*Tomato*!　Ss：*Tomato*!　T：One, two, GO!　（Ss：絵札を取る）
　　　T：What color are tomatoes?　Ss：Red.　T：Yes, tomatoes are red.

1人1人の子どもにスポットライトをあてる質問
　クラス全体に話しかけるばかりでなく，時には1対1で子どもに話しかけます。

　例　T：*Help*!　Ss：*Help*!　T：One, two, GO!　（Ss：絵札を取る）
　　　T：Do you *help* your mother, Mio?　S：Yes.
　　　T：You *help* your mother. That's good.

友だちづくりをする質問
　1人の子の発言をクラス全体に広げます。

　例　T：*Dog*!　Ss：*Dog*!　T：One, two, GO!　（Ss：絵札を取る）
　　　T：Do you have a *dog*, Hiroshi?　S1：Yes!　T：Hiroshi has a *dog*.
　　　　Do YOU have a *dog*, Taku?　S2：No... I have a cat.

Stage 2 理解

 **エスパーゲーム**
ESP Game

レベル：★
時間：5分
形態：個別，ペア
絵札：図・動・形 8～16枚

スピードは競いませんが，勝負があります。

≫ 進め方

❶ 絵札を配ります。子どもたちは配布された絵札から半分程度の枚数の絵札を選び，扇のように手の中で広げて持ちます。例えば10枚配布したら5枚程度を選びます。
❷ 先生は配布した絵札の中から1枚を選んで，読みます。
❸ 子どもたちは先生の言った単語を復唱します。
❹ 子どもたちは先生が読んだ絵札と同じ絵札を持っていたら，それを机の上に捨てます。
❺ 早く手持ちの絵札がなくなった人が勝ちです。

Classroom English の例

① I'll give you a set of cards.
② Choose five cards.
③ Hold them like a fan in your hands.
④ I'll say a word, for example, *slide*!
⑤ Repeat the word, "*Slide!*"
　(Ss:*Slide!*)
⑥ Do you have this card?
　［絵札を見せる］
⑦ If you have it, toss it on your desk.
⑧ If you toss all your cards first, you're the winner.
⑨ Okay? Let's try it!

① 絵札のセットを配ります。
② 絵札を5枚選んでください。
③ 手の中で扇のように持ってください。
④ 私が単語を言います，例えば，"*slide!*"
⑤ 単語を復唱してください，"*Slide!*"

⑥ この絵札を持っていますか？

⑦ 持っていたら，机の上にそれを捨ててください。
⑧ すべての絵札を1番はじめに捨てた人が優勝です。
⑨ いいですか？　やってみましょう。

遊び方の工夫等

☆ 次のような遊び方もあります。先生と子どもたちが同じ枚数の絵札を選びます。先生は自分が選んだ絵札を1枚ずつ読みます。先生と同じ絵札があったら，机の上に捨てます。先生と同じ絵札を1番たくさん選んだ人が勝ちです。
☆ ペアまたはグループに分かれます。先生が単語を読んで，ペアまたはグループの中で1番早く絵札がなくなった人が勝ちとします。

Stage 2 理解

11　わたしは，な～に？
What am I?

レベル：★★
時間：5～10分
形態：ペア，グループ
絵札：図 8～16枚，先生用Ａ４判も用意
読札：図 8～16枚（先生用）

聞き取れた単語をつなぎ合わせて，推測して答えます。

≫ 進め方

❶ 子どもたちは絵札をオモテにして机の上に広げます。
❷ 子どもたちは両手を頭の上に置きます。先生は読札からヒントを3つ選んで読みます。
❸ 先生が "One, two, GO!" の合図を出します。子どもたちは正解を言って，絵札を取ります。
❹ 先生はＡ４判に拡大コピーした絵札を使って，正解を確認します。
❺ 絵札をたくさん取った人が勝ちです。

Classroom English の例

① Spread the cards on your desk, face up.
② Put your hands on your head.
③ I'll give you three hints.
④ Listen carefully. Find the word.
⑤ I'll say, "One, two, GO!"
⑥ Say the word. Take the card.
⑦ For example, "I'm a food. I'm soft. I'm at a bakery. What am I? One, two, GO!"
⑧ Say *bread* and take it.

① 絵札をオモテにして机に広げてください。
② 両手を頭の上に置いてください。
③ 私が3つのヒントを言います。
④ よく聞いて，その単語を探してください。
⑤ 私が "One, two, GO!" と言います。
⑥ その単語を言って絵札を取ってください。
⑦ 例えば "I'm a food. I'm soft. I'm at a bakery. What am I? One, two, GO!"
⑧ *bread* と言ってそれを取ります。

遊び方の工夫等

☆ ヒントの順番が重要です。「大枠→詳細」の順に出します。例えば *hamburger* の最初のヒントが "I'm famous at McDonald's." ではすぐに答えがわかり残りのヒントを聞きません。"I'm a food. I'm round. I'm famous at McDonald's." と徐々に答えを絞り込むようにします。
☆ ヒントを単語やフレーズやカタカナ語で出すと，易しくなります。
　単語の例　Ｔ：Winter.　Ss：Winter.　Ｔ：Warm.　Ss：Warm.　Ｔ：Wool.　Ss：Wool.
　　　　　　Ｔ：What am I? One, two, GO!　Ss：*Sweater*!
☆ 理解力が高まってきたら，否定文を織り交ぜます。
　例　I'm not an animal. I'm not a vegetable. You cannot eat me.
☆ ヒントの文型をそろえると，文の構造に気づく助けとなります。
☆ 各グループから代表が出て，黒板に貼ったＡ４判の絵札を取ると全体活動になります。

Stage 2 理解

12 シチュエーション・カルタ
Situation Karuta

レベル：★★
時間：5〜10分
形態：個別，ペア，グループ
絵札：図・動・形 8〜16枚

状況を聞き取って，総合して答えを考えます。

≫ 進め方

❶ 絵札をオモテにして机に広げます。
❷ 先生の英語を聞いて，子どもたちはその状況に合う絵札を取ります。

例　T : I'm hot. I'm thirsty. I'm in the kitchen.
　　　　　What do I open? One, two, Go!
　　S1 : *Refrigerator!*

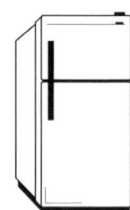

Classroom English の例

① Spread the cards on your desk, face up.
② Listen to my hints and guess the answer.
③ I'll say, for example, "I'm a monkey. I'm hungry. I like this yellow fruit. What do I have? One, two, GO!"
④ The answer is a *banana*. So you say, "*Banana!*" and take the card.
⑤ Do you understand? Now let's start.

① 絵札をオモテにして机に広げてください。
② ヒントを聞いて，答えを考えてください。
③ 例えば "I'm a monkey. I'm hungry. I like this yellow fruit. What do I have. One, two, GO!" と言います。
④ 答えは *banana* です。だから "*Banana!*" と言って，絵札を取ってください。
⑤ わかりますか？　では，始めましょう。

遊び方の工夫等

☆ このゲームで使えるヒントの例です。

umbrella : I'm at school. I'll go home now. It's raining outside. What do I need?
flashlight : It's dark. I can't see anything. I want a light. What do I need?
towel : I'm in the bathroom. I wash my body. I'm wet. What do I need?
chair, sofa : I'm in the room. I'm tired. I want to sit. What do I need?
eat : I'm hungry. I have some ice cream. I'm at the table. What do I do?
read : I like books. I like newspapers. I like manga. What do I do?
watch : I like movies. I like TV. I like dramas. What do I do?
cold : It's winter. It's snowing. I'm in Hokkaido. How do I feel?
soft : I have a pet. She is a cat. Her fur is nice. How does it feel?
fast : I play baseball. I hit the ball. I run to first base. How do I run?

Stage 2 理解

13 クエスチョン・カルタ
Question Karuta

レベル：★★
時間：5〜10分
形態：個別，ペア
絵札：図・動・形 8〜16枚

質問を聞いて，自分のことを答えます。

≫ 進め方

❶ 絵札をオモテにして机に広げます。
❷ 先生が質問をします。
❸ 子どもたちは自分の答えになる絵札を選んで，高く上げて先生に見せます。
❹ 子どもたちの答えを見て，先生がコメントをします。

例　T：What animal do you want as a pet?　S1：*Lion!*　S2：*Rooster!*
　　T：Yumi wants a lion as a pet. Ken wants a rooster as a pet. I want a rabbit as a pet.

Classroom English の例

① Spread your cards on your desk, face up.
② Listen to my question.
③ Pick up all the answer cards.
④ I'll ask, for example, "What do you have in your locker?"
⑤ Pick up all the cards YOU have in YOUR locker.
⑥ Show your cards to me.
⑦ Do you understand? Okay? Let's start.

① 絵札をオモテにして机に広げてください。
② 質問を聞いてください。
③ 答えとなる絵札をすべて取ってください。
④ 例えば，"What do you have in your locker?" と質問します。
⑤ あなたがロッカーに持っているものを絵札からすべて取ってください。
⑥ 絵札を私に見せてください。
⑦ わかりますか？　では，始めましょう。

遊び方の工夫等

☆ ペアやグループで取った絵札をお互いに見せ合い比較することもできます。
☆ 質問には次のようなバリエーションがあります。

What do you have
Choose the things you have
　{ at school? / at home?
　　in the kitchen? / in your locker?
　　in your pocket? / in your drawer?

What can you see
Choose the things you can find
　{ outside? / in a restaurant?
　　on your body? / in the park?
　　in a story book? / from the window?

Stage 2 理解

14 伝言カルタ
Message Karuta

レベル：★★★
時間：10〜15分
形態：グループ
絵札：図・動・形 8〜16枚

ヒントを聞いて，友だちに正しく伝えます。

≫進め方

❶ 4人グループを作り，順番を決めます。
❷ グループごとに絵札を机に広げます。
❸ 各グループから順番に代表が出て，先生のところに集まります。
❹ 先生が3つのヒントを言います。代表はそれを聞いて覚えます。中学校ではディクテーションさせてもよいでしょう。
❺ 代表はグループに戻って3つのヒントを伝えます。グループで協力して正解を考えます。
❻ 絵札から答えを選んで，先生の "One, two, GO!" の合図で一斉に上に上げます。
❼ 聞き取った（書き取った）英文が正しいかどうかを全員で確認します。

Classroom English の例

① Make groups of four students.
② Spread the cards on the desk, face up.
③ Each group will send me a student.
④ I'll give three hints to that student.
　（Write down the hints.）
⑤ The student will go back to his group.
⑥ Tell the three hints to the group.
⑦ Find the card.
⑧ When I say, "One, two, GO!" show me your answer.

① 4人グループを作ってください。
② 絵札をオモテにして机に広げてください。
③ 各グループから1人出してください。
④ 私が3つのヒントをその生徒に出します。
　（ヒントを書き取ってください。）
⑤ その生徒はグループに戻ってください。
⑥ 3つのヒントをグループに伝えてください。
⑦ その絵札を見つけてください。
⑧ 私が "One, two, GO!" と言ったら，答えを見せてください。

遊び方の工夫等

☆ 1人目が1つ目のヒントを，2人目が2つ目のヒント，3人目が3つ目のヒントをそれぞれ聞いて（書いて）くることもできます。

Stage 2 理解

15 順番は？
What's the Order?

レベル：★★
時間：5～10分
形態：個別，ペア，グループ
絵札：図・動・形 8～16枚

英文を注意深く聞きます。

≫ 進め方

❶ 絵札を配ります。絵札の発音と意味を復習します。
❷ 子どもたちは絵札を扇のように広げて持ったり，机に広げたりします。
❸ 先生が英文を読みます。
❹ 子どもたちは英文を聞いて，英文中に単語が出てきた順番に絵札を机に並べます。
❺ もう1度英文を聞いて，クラスで正解を確認します。

Classroom English の例

① Hold the cards in your hands like a fan.
② Look at your cards.
③ Listen.
④ When you hear a word from your cards, put the card, in order, on your desk.
⑤ Okay? Let's get started.

① 絵札を扇のようにして持ちます。
② 絵札を見てください。
③ 聞いてください。
④ 絵札の単語が聞こえたら，絵札を順番に机に並べてください。
⑤ いいですか？ では，始めましょう。

遊び方の工夫等

☆「カード並べ」で使える英文の例です。斜体の語はカルタに入っている語です。

Look! I *see* a *tiger*, a *monkey*, a *lion*, and a *penguin*! Where are we? Are we on a *farm*? No, silly! We're at the *zoo*!

It's so *cold*! I *wear* a *sweater* to *school*. It is *soft* and *clean*. If it gets *hot*, I *take* it off. My *mother* washes it.

I *ride* a *train*. I *go* to the *zoo*. It's a beautiful day. The *sun* shines. I *see* a *monkey*. He *wears* glasses and *pajamas*. He *eats* bananas. I wake up. It's a dream!

We're in the *playground*. We *go fast* on the *slide*. I *push* my friend on the *swing*. We *play* in the *soft sandbox*. I sit on the *hard* ground.

I have a *cat*. I *touch* her *soft* fur. She is very *clean*. My friend has a *dog*. He *likes* to *play* in the rain. He gets *wet*. His fur is *dirty*.

I can *catch* a ball. I can run *fast*. I can *write* my name. I can *read* a *book*. I can *play* the *piano*. I can *ride* a *bicycle*. I can *cut* paper with my *scissors*.

I am a *student*. I have a backpack. In my backpack, there is a *book*, a *notebook*, some *pencils*, an *eraser*, a pair of *scissors*, and some *glue*. I *go* to *school*. I sit in my *chair*. My *desk* is brown. My *teacher* is nice.

Once upon a time, a *king* and *queen* lived in a *castle*. They had many *brothers*, *sisters*, *uncles*, and *aunts*. Their *grandmothers* and *grandfathers* lived with them. They all had many pets. There were *cats* and *dogs*, and even an *elephant*!

My *teacher rides* her *bicycle* to *school*. I *take* the *train* with my *brother*. We cross a big *bridge*. From the *train* we can *see cows* and *roosters*. The *train goes* very *fast*.

We *go* to the park. The *hot sun* shines. The *busy* bees are buzzing in the *flowers*. The *wind* blows in the *trees*. Many children *play* on the *swings*. Some *play* in the *sandbox*. A *girl* is on the *slide*. I see a *butterfly*.

My *sister* is messy! Her *shoes* and *socks* are *dirty*. Her *pajamas* are in the bathroom. Her *sweater* is on the floor. Her *hat* is in the *refrigerator*. Her *gloves* are in the *oven*! I know because I *put* them there!

I *help* my *grandmother*. She is *busy*. She *cooks*. First, I *wash* my *hands*. I *like* clean hands. I *put* the *forks*, *knives*, *spoons* and plates on the *table*. Next, I *cut cucumbers* for a *salad*. She *cooks noodles* for *spaghetti* on the *stove*. I *watch* her.

Let's *go* to a restaurant. What do you *like* to *eat*? Do you *like pizza*? Do you *like hamburgers* and fried *potatoes*? If you *like noodles*, we can *eat spaghetti*.

Stage 2 理解

16 推測ゲーム
Guessing Game

レベル：★★
時間：5～10分
形態：全体
絵札：図・動・形 先生用Ａ４判 適宜

聞き取った情報を総合して答えを考えます。

≫ 進め方

❶ クラスをグループに分けます。各グループの代表を決めます。
❷ 代表は前に出て，黒板に背を向けて立ちます。
❸ 先生は絵札を1枚，黒板に貼ります。代表には見せません。
❹ 絵札に対して先生が "Can you eat it?" "Do you have it at home?" "Do you use it at school?" のように質問をします。
❺ クラスの子どもたちは，質問に対して "Yes." あるいは "No." で答えます。
❻ 代表は先生の質問とクラスの答えを聞いて，絵札を当てます。
❼ 早く答えたグループが勝ちです。

Classroom English の例

① Make groups of four students.
② Each group will send me a student.
③ This student will stand in the front.
　 Look at your team.
④ I'll draw a card.
⑤ I'll put it on the board.
⑥ I'll ask the class some questions about it.
⑦ Listen to your classmates' answers.
⑧ Guess the card.

① 4人グループになってください。
② 各グループから1人，ここに来てください。
③ この人は前に立ちます。
　 自分のチームを見てください。
④ 私が絵札を1枚引きます。
⑤ それを黒板に貼ります。
⑥ 私がクラスに絵札に関する質問をします。
⑦ クラスの答えを聞いてください。
⑧ その絵札を考えてください。

遊び方の工夫等

☆ クラス全体から1人を選び，その人が先生とクラスの質問と答えのやりとりを聞いて正解を当てる活動もできます。
☆ 先生の質問を Wh-Question にすると，活動は難しくなります。
　 例　T：How many legs do you have?　Ss：Four!
　　　T：Where do you live?　Ss：Africa!
☆ 「この10枚の絵札の中から質問します」というように，出題の範囲をはじめに絞ると正解が出やすくなります。反対に絞らないと，難しくなります。

Stage 2 理解

17 文字並べ
From A to Z

レベル：★★★
時間：5～10分
形態：個別，ペア，グループ
絵札：図・動・形 8枚～

絵札をアルファベット順に並べます。

>> 進め方

❶ 「文字あり絵札」をウラにして真ん中に重ねます。
❷ 子どもたちは合図とともに絵札をオモテにします。
❸ 絵札の綴りを見て，ＡＢＣ順に並べます。
❹ 早く並べ終わった人が勝ちです。
❺ クラスでＡＢＣ順に絵札を言って，答え合わせをします。

Classroom English の例

① Put all the cards in a pile, face down.
② When I say "Start!" turn the cards over.
③ Read them.
④ Put them in ABC order, from A to Z.
⑤ Do you understand? Now start.
　　　　＊ ＊ ＊ ＊ ＊
⑥ Let's check your answers together.

① 絵札をウラにして重ねて置いてください。
② 私が "Start!" と言ったら，絵札を裏返してください。
③ 絵札を読んでください。
④ ＡからＺのＡＢＣ順に置いてください。
⑤ わかりましたか？　始めましょう。
　　　　＊ ＊ ＊ ＊ ＊
⑥ 一緒に答え合わせをしましょう。

遊び方の工夫等

☆「ＺからＡの順に並べなさい」「Ｊより前に来る絵札を集めなさい」「最後の文字がＤで終わる絵札を集めなさい」というように指示を変えることができます。

例　Line up the cards from Z to A.　　　　　（絵札をＺからＡの順に並べなさい）
　　Choose the cards that come before J.　　（Ｊより前に来る絵札を選びなさい）
　　Choose the cards that come after *tiger*.　（tiger より後に来る絵札を選びなさい）
　　Choose the cards that end with D.　　　（Ｄで終わる絵札を選びなさい）
　　Choose the cards that start with T or S.　（ＴかＳで始まる絵札を選びなさい）

☆ 絵札の選び方で難易度が変わります。

　　易しい例　apple, box, cat, dog, eraser, fork, gloves, hand, …
　　難しい例　cap, car, castle, cat, chair, clock, cow, cup, …

Stage 2 理解

18 読札カルタ
Reading Cards Karuta

レベル：★★
時間：5〜10分
形態：個別，ペア，グループ
読札：図・動・形 8〜16枚

英文を読む，初歩的な活動です。

≫ 進め方

❶ 読札の最上部にある綴りと意味を消したり，裏側に折ったりして使います。
❷ 子どもたちは読札をオモテにして机に広げます。
❸ 先生は1枚の読札からヒントを3つ読みます。
❹ 子どもたちは先生が読んだヒントがある読札を探して取ります。
❺ 1番多く読札を取った人が勝ちです。

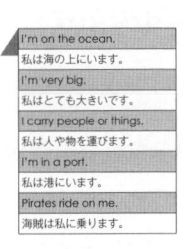

```
I'm on the ocean.
私は海の上にいます。
I'm very big.
私はとても大きいです。
I carry people or things.
私は人や物を運びます。
I'm in a port.
私は港にいます。
Pirates ride on me.
海賊は私に乗ります。
```

```
gloves 手袋    24
You wear me.
あなたは私を身につけています。
I'm warm.
私は暖かいです。
You use me in winter.
あなたは冬に私を使います。
I come in a pair.
私は2つで一組です。
I cover your hands.
私はあなたの手をおおいます。
```

Classroom English の例

① Spread the cards on the desk, face up.
② I'll read hints from one card.
③ Find the card, and say the word.
④ For example, I'll say "You wear me," "I'm soft," "I'm round."
⑤ You'll say *cap* and take it.
⑥ Do you understand the game?
　Let's begin.

① 読札をオモテにして机に広げてください。
② 私が1枚の読札からヒントを読みます。
③ その読札を見つけてその語を言いなさい。
④ 例えば "You wear me," "I'm soft," "I'm round" と言います。
⑤ cap と言って，それを取ってください。
⑥ ゲームはわかりましたか？
　始めましょう。

遊び方の工夫等

☆ 先生が読札から英文を1文読んで，子どもたちがその文を指さすポインティング・ゲームもできます。この活動では読札の綴りと意味を隠す必要がありません。
　例　T：Point to the hint that I read …. "I'm red."　Ss：Here!
☆ 先生が読札の中の単語を読んで，それらがある読札を取る活動もできます。読む単語は，ローマ字読みする語やカタカナ語として日本語になっている語を選ぶと易しくなります。
　例　T：Take the card that has "wings," "flowers," and "net." → *butterfly*
☆ 机に広げる読札の枚数を少なくすると，易しくなります。

Stage 3：「定着」を目指した活動

英語の音に十分に親しむと，自然とそれを言いたくなるものです。ここでは子どもたちのそうした気持ちを引き出し，楽しみながら英語を言って定着させる活動を紹介します。

Stage 3 定着

19 ラッキー・カテゴリー
Lucky Category

レベル：★★
時間：5〜10分
形態：ペア，グループ
絵札：図・動・形 10枚〜

カードをめくって，発音します。

≫ 進め方

❶ 絵札をウラにして机の真ん中に重ねます。
❷ 「food」「people」「動作を表す語」等，ラッキー・カテゴリーを決めます。
❸ 子どもたちは順番に絵札をめくります。
❹ 絵札の単語を言えたら，絵札をもらいます。言えなかったら絵札を真ん中に置きます。
❺ ラッキー・カテゴリーの絵札を引いてそれを言えたら，真ん中に置かれた絵札をすべてもらえます。
❻ 真ん中に重ねた絵札がなくなったときに，1番たくさん絵札を持っている人が勝ちです。

Classroom English の例

① Put all the cards in a pile, face down.
② Take turns drawing one card each.
③ Look at the card.
　 Can you say the word?
④ If you can say it, keep the card.
⑤ If you cannot say it, put the card in the center.
⑥ If you draw a "Lucky Category" card and you can say the word, you keep all the cards in the center.
⑦ The winner has the most cards.

① 絵札をウラにして重ねて置いてください。
② 順番に1枚ずつ引いてください。
③ 絵札を見てください。
　 その単語を言えますか？
④ 言えたら，絵札をもらえます。
⑤ 言えなかったら，絵札を真ん中に置きます。
⑥ ラッキー・カテゴリーを引いてその単語を言えたら，真ん中にある絵札をすべてもらえます。
⑦ 優勝は1番たくさん絵札をもらった人です。

遊び方の工夫等

☆ 「文字なし絵札」を使うとよいでしょう。
☆ ラッキー・カテゴリーの数を増やしたり，ラッキー・カテゴリーに含まれる絵札を多くしたりすると，絵札をもらえるチャンスが増えます。

Stage 3 定着

20 カード・リレー
Card Relay

レベル：★★
時間：5〜10分
形態：グループ
絵札：図・動・形 8〜16枚

絵札を発音してリレーします。

≫ 進め方

❶ グループを作り，輪になって立ちます。グループの人数は適宜調整します。
❷ 各グループに同じ枚数の絵札を配り，1人が絵札を重ねて持ちます。
❸ 合図とともに，絵札を持っている人が1番上の絵札を発音します。言った絵札を次の人に回し，その次の絵札を発音します。このようにして最初の人は1枚ずつ絵札を言って，次の人に渡します。
❹ 次の人は回ってきた絵札を発音して3番目の人にリレーします。
❺ 最後尾の人がすべての絵札を言い終えたら座ります。
❻ 1番早く，全員がすべての絵札を言ったチームが勝ちです。

Classroom English の例

① Make a group. Make a circle.
② The first student holds all the cards.
③ Read each card one by one. Pass it to the second student one by one.
④ The second student reads each card and passes it to the third student one by one.
⑤ When the last student reads all the cards, the group sits down.

① グループを作って輪になってください。
② 最初の人がすべての絵札を持ちます。
③ 絵札を1枚ずつ読みます。2番目の人にそれを1枚ずつ回します。
④ 2番目の人は絵札を1枚ずつ読んで，3番目の人に1枚ずつ渡します。
⑤ 最後の人がすべての絵札を読んだら，そのグループは座ります。

遊び方の工夫等

☆ できれば「文字なし絵札」を用意します。「文字なし絵札」では，綴りを見て発音することができないので，意味と発音が結びついて定着しているかどうか確認できます。
☆ 「文字あり絵札」を使ってこの活動をする場合は，文字の部分を手で隠して単語を言うことにします。
☆ 競争に意識が行き過ぎると発音がおろそかになります。十分に聞く経験を積んで，正確に発音できるようになったことを確認してからこの活動を行うとよいでしょう。

Stage 3 定着

21 激突ゲーム
Crash

レベル：★★
時間：10分～
形態：グループ，全体
絵札：図・動・形 8枚～

単語を瞬時に発音します。

≫ 進め方

❶ 2チームに分かれます。絵札をオモテにして，イスや机や黒板に1列に並べます。

❷ 並べた絵札の両端に，2チームが分かれて，1列に並んで立ちます。合図とともに先頭の人が絵札を端から順に指さしながら発音して進みます。

❸ 両チームが出会ったらジャンケンをします。勝者は相手の陣地に向かって発音して進みます。

❹ 敗者はチームの列の最後尾につきます。そのチームの2番目の人が，先頭の人と同じように絵札をさしながら発音して進みます。

❺ 両チームが出会ったところでジャンケンをします。❸～❺を繰り返します。

❻ 先に相手の陣地に到達したチームの勝ちです。

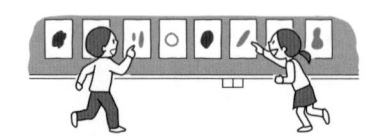

Classroom English の例

① Two teams play together.
② Line up the cards on the desk, face up.
③ Team A waits by the first card. Team B waits by the last card. Both teams line up.
④ I'll say, "Go!" The first person from each team points to each card, and says it aloud one by one. Keep going.
⑤ When you "crash" on the same card, do *janken*. If you win, keep reading the cards.
⑥ If you lose, you go back to the end of your line. The next person starts reading from the beginning.
⑦ When you crash again, play *janken* again.
⑧ The game is over when one person reads all the cards.

① 2チームが一緒にプレーします。
② 絵札をオモテにして机に1列に並べます。
③ Aチームは最初の絵札の脇，Bチームは最後の絵札の脇で待ちます。両者1列に並びます。
④ 私が"Go!"と言います。両チームの最初の人が絵札を1枚ずつさして発音します。どんどん発音します。
⑤ 同じ絵札で衝突したら，ジャンケンをします。勝ったら絵札を発音して進みます。
⑥ 負けたら列の最後尾に戻ります。次の人が最初の絵札から発音して進みます。
⑦ 再び衝突したら，またジャンケンします。
⑧ 1人がすべての絵札を読んだらゲーム終了です。

遊び方の工夫等

☆ "I like *spaghetti*. I don't like *pizza*." と，自分の好き嫌いを言って進むこともできます。小学生では，複数形にしなくてよい *hamburger*, *bread* 等の名詞を選ぶとよいでしょう。

Stage 3 定着

22 神経衰弱
Concentration

レベル：★★
時間：5〜10分
形態：ペア，グループ
絵札：図・動・形 8枚〜

トランプの神経衰弱です。

≫ 進め方

❶ 同じ単語が2枚ずつ入っている「文字なし絵札」のセットを配ります。
❷ 絵札をウラにして机に広げます。
❸ 最初の人が絵札を2枚めくります。絵札をめくるたびにその単語を発音します。
❹ 2枚の絵札が同じで，それを正しく言えたら2枚の絵札をもらい，また引きます。
❺ めくった絵札が違ったら，次の人が絵札をめくります。
❻ 机の絵札がなくなったらゲーム終了。絵札をたくさん取った人が勝ちです。

Classroom English の例

① Spread the cards on your desk, face down.
② The first student will turn over two cards.
③ Say the words on the two cards.
④ If the cards are a pair, you can keep the cards. You can go again.
⑤ If the two cards are different, turn them back over. Now it's the next person's turn.
⑥ When all the cards on the desk are gone, the game is over.

① 絵札をウラにして机に広げてください。
② 最初の人が2枚の絵札をオモテにします。
③ 2枚の絵札の単語を言います。
④ 2枚の絵札がペアならもらいます。もう1度めくります。
⑤ 2枚の絵札が違ったら，裏返してもとに戻します。次の人の番です。
⑥ すべての絵札が机からなくなったら，ゲーム終了です。

遊び方の工夫等

☆ このゲームは単数と複数の概念を導入するときに使えます。次のようにやります。

S1：(1枚めくって) *Airplane!* (もう1枚めくって) *Airplane!*
　　(両方をさして) *Airplanes!*
S2：They are your cards. Draw cards again.
S1：(1枚めくって) *Nose!* (もう1枚めくって) *Bed!* Your turn, Miku.

Stage 4：「表現」を目指した活動

遊びをとおして，繰り返し英語を口に出して言うと，いつしか記憶に残ります。最後のステージでは身についた英語を使って，自分が伝えたいことを英語で表現します。

Stage 4 表現

23 あなたは，な〜に？
What are you?

レベル：★★★
時間：5〜10分
形態：ペア，グループ，全体
絵札：図 8枚〜

友だちにどんどん質問します。

≫ 進め方

❶ 順番を決めます。絵札をウラにして机の真ん中に重ねます。
❷ 最初の人が絵札を引きます。絵札は他の人に見せません。
❸ 他の人たちは絵札を引いた人に質問をします。
❹ 絵札が何かを当てた人が絵札をもらえます。
❺ 次の人が絵札を引いて❸〜❹を繰り返します。
❻ 真ん中の絵札がなくなったときに，絵札を1番多く集めた人が勝ちです。

Classroom English の例

① Put the cards in a pile, face down.	① 絵札をウラにして重ねて置いてください。
② The first student draws a card.	② 最初の人が絵札を引きます。
③ The other students will ask questions about the card.	③ 他の人は絵札について質問します。
④ If you get the right answer, you can keep the card.	④ 正解したら，絵札をもらえます。
⑤ The student who gets the most cards is the champion.	⑤ 絵札を1番多く集めた人が勝ちです。

遊び方の工夫等

☆ 先生がカルタを引いて，先生に対して子どもたちが次々と質問することもできます。
☆ 質問は Yes-No Question か Wh-Question か，どちらかに限定するとよいでしょう。
☆ はじめに質問をノートに書かせると，ゆっくり考えて質問できます。
☆ 子どもたちの会話例です。

　　S1：What am I? Ask me questions.　S2：Are you a food?　S1：Yes, I am.
　　S3：Are you red?　S1：No, I'm not.　S4：Are you green?　S1：Yes, I am.
　　S2：Are you long?　S1：Yes, I am.　S3：Are you a cucumber?　S1：Yes, I'm a cucumber.

Stage 4 表現

24 会話しよう
Let's make a Conversation

レベル：★★★
時間：5〜10分
形態：ペア，グループ
絵札：图・働・形 8枚〜

会話をつなげます。

>> **進め方**

❶ いろいろなカテゴリーから絵札を選んで，子どもたちに配ります。
❷ 子どもたちは絵札をオモテにして机に広げます。
❸ 絵札の単語を使って，最初の人が会話をスタートします。できるだけたくさんの絵札を使うようにします。使った絵札をもらえます。
❹ 次の人が同じようにして絵札を使って会話を続けます。
❺ 絵札がなくなったらゲーム終了。たくさん絵札をもらった人が勝ちです。

Classroom English の例

① Find a partner.
② Spread the cards on the desk, face up.
③ Look at the cards on the desk. Make a conversation.
④ If you use a word in your conversation, you can take the card.
⑤ Use as many words as you can.
⑥ Take turns until all the cards are gone.

① ペアになってください。
② 絵札をオモテにして机に広げてください。
③ 机の絵札を見てください。会話をつくりましょう。
④ 会話の中で単語を使ったら，その絵札をもらえます。
⑤ できるだけたくさんの単語を使ってください。
⑥ 絵札がなくなるまで交替してやってください。

遊び方の工夫等

☆ 子どもたちの会話は，例えば，次のようになります。
　例　S1：It's *cold*. I need *gloves*. I don't *like* winter.
　　　S2：You can use my gloves. Oh, your *hands* are *dirty*. *Wash* your hands.
　　　S1：OK. I don't have a *towel*. My hands are *wet*.
　　　S2：Use this towel. Here you are. Your hands are *clean* now.
☆ 作った会話をクラスで発表します。ドラマ仕立てにして発表すると楽しくなります。

Stage 4 表現

25 クレージー・ストーリー
Crazy Story

レベル：★★★
時間：5～10分
形態：ペア，グループ
絵札：図・動・形 8枚～

ストーリーを作ります。

≫進め方

❶ いろいろなカテゴリーから絵札を選んで配ります。
❷ 子どもたちは絵札をウラにして重ね机に置きます。
❸ 最初の人が上から絵札を1枚引いて，その単語を使ってストーリーをスタートします。使った絵札は横に置きます。
❹ 次の人が，2枚目の絵札を引いて，その単語を使ってストーリーの続きを作ります。
❺ 上から順番に絵札を引いてストーリーの続きを作っていきます。
❻ 作ったストーリーをクラスの前で発表します。

Classroom English の例

① Put the cards in a pile, face down.
② The first student draws the first card from the pile.
③ Use the word on the card. Start a story.
④ The next student draws the next card from the pile.
⑤ The student will use the word on the card and continue the story.
⑥ Take turns until all the cards are gone.

① 絵札をウラにして机に重ねてください。
② 最初の人は絵札を上から引いてください。
③ 絵札の単語を使ってストーリーを始めてください。
④ 次の人は次の絵札を引いてください。
⑤ 絵札の単語を使ってストーリーを続けてください。
⑥ 絵札がなくなるまで交替してやってください。

遊び方の工夫等

☆ 絵札をオモテにして机に広げ，好きな絵札を1枚ずつ引いてストーリーを作ると，単語を自分で選べるので易しくなります。
☆ ペアやグループで協力してストーリーを作るようにすると協同作業となります。
☆ ドラマ仕立てにして発表すると楽しくなります。
☆ 1度に引く絵札を2枚，3枚とすると，難易度が上がります。

Stage 4 表現

26 リッスン・トゥー・マイ・ヒント
Listen to my Hints

レベル：★★★
時間：5～10分
形態：ペア，グループ
絵札：図 8～16枚

子どもたちがヒントを作ります。

≫ 進め方

❶ 絵札をウラにして重ね机の真ん中に置きます。
❷ 最初の人が絵札を1枚引いて，絵札のヒントを3つ言います。
❸ 他の人たちはヒントを聞いて，絵札が何かを考えます。正解した人が絵札をもらえます。
❹ 次の人が絵札を引いて❷～❸を繰り返します。絵札をたくさんもらった人が勝ちです。

Classroom English の例

① Make groups of four students.
② Put the cards in a pile, face down.
③ The first student draws a card.
④ Give three hints about it.

⑤ The other students will listen to the hints. Guess the card.
⑥ If you guess the right answer, you can keep the card.
⑦ The student who gets the most cards is the champion.

① 4人グループを作ってください。
② 絵札をウラにして机に重ねてください。
③ 最初の人が絵札を引いてください。
④ それについて3つのヒントを出してください。
⑤ 他の人たちはヒントを聞いてください。その絵札が何か考えてください。
⑥ 正解を答えたら，その絵札をもらえます。
⑦ 1番たくさん絵札をもらった人が優勝です。

遊び方の工夫等

☆ ヒントを単語にすると易しくなります。ヒントを書かせることもできます。
　例　S1：Listen to the hints, vegetable, orange, rabbit. What am I?
　　　S2：Are you a carrot?　S1：Yes, I'm a carrot.
☆ 1人でヒントを作るのが難しければ，ペアやグループでヒントを作ります。各ペアやグループに異なる絵札を配ります。相談してヒントを作り，順番に前に出てヒントを出してクラス全員が答えるようにすると，クイズ大会となります。
☆ 第1ヒントで正解したら3点，第2ヒントは2点，第3ヒントは1点とすることができます。
　例　S1：I'll give you three hints. First hint... I'm an animal. What am I?
　　　S1：Second hint... I'm white. What am I?
　　　S1：Third hint... I'm very big. What am I?

Stage 4 表現

27 みんなで定義
Make a Definition

レベル：★★★
時間：10～15分
形態：ペア，グループ，全体
絵札：図 先生用Ａ４判 １枚～

友だちと協力して事物を英語で描写します。

≫ 進め方

❶ 子どもたちはペアやグループになります。
❷ 先生は絵札を１枚選んで黒板に貼ります。
❸ 先生は「この絵札から連想する英語を言ってください」と指示します。
❹ 先生は子どもたちがあげた英語を黒板に書きます。
　例　sun　→　big, sky, round, shine
❺ ペアやグループで相談して，黒板の英語を使って，絵札の定義をノートに書きます。
❻ 早くできた人たちから前に出て作った定義を黒板に書きます。
　例　I'm big and round. I shine in the sky.
　　　The sun is the big, round thing that shines in the sky.

Classroom English の例

① Look at this card. It's the *moon*.
② Let's think of some words for the *moon*, for example, yellow, sky, round, and night.
③ We can make a definition for *moon* with these key words, for example, "I'm round and yellow. I'm in the night sky."
④ I'll give you a word. Tell me some key words for it. I'll write them on the board.
⑤ In your group, use the key words and make a definition.
⑥ Write your definition in your notebook.
⑦ When you finish, come to the front, and write it on the board.

① この絵札を見てください。月です。
② 月に関する語を考えてください。例えば，yellow，sky，round そして night です。
③ 月の定義をこれらのキーワードを使って作ることができます。例えば "I'm round and yellow. I'm in the night sky." です。
④ 私が単語を示します。その単語のキーワードを言ってください。私が黒板に書きます。
⑤ グループでキーワードを使って，定義してください。
⑥ あなたの定義をノートに書いてください。
⑦ 終わったら前に来て，黒板にそれを書いてください。

遊び方の工夫等

☆ この活動に慣れたら，絵札以外の単語を定義します。family，friend，English 等の抽象的な単語は定義が難しくなります。

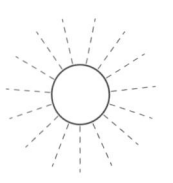

番外編：ゲーム性重視の活動

ここで紹介するゲームは，活動中に触れたり，使ったりする英語の量は多くないのですが，盛り上がるゲームです。動機づけのための活動として利用できます。

番外編 28 ジェスチャーゲーム
Charades

レベル：★
時間：5～10分
形態：ペア，グループ，全体
絵札：名・動・形 8枚～

ユニークなジェスチャーに笑いが起こります。

≫ 進め方

❶ 絵札をウラにして重ね机の真ん中に置きます。
❷ 最初の人が絵札を引きます。絵札をジェスチャーで表現します。
❸ 他の子どもたちはジェスチャーを見て，絵札を当てます。正解したら絵札をもらえます。
❹ 次の人が絵札を引いて，同じことを繰り返します。
❺ 絵札をたくさんもらった人が勝ちです。

Classroom English の例

① One student will draw a card.
② Look at it. Show the word with your body.
③ Don't speak. Just act.
④ Other students will look at you. They'll guess the word.
⑤ The student who guesses the word first can keep the card.
⑥ If you have the most cards, you win!

① 1人が絵札を引きます。
② それを見て，その単語を体で表してください。
③ 声を出さないこと。演じるだけです。
④ 他の人たちはあなたを見てその単語を当てます。
⑤ 最初に単語を当てた人が，絵札をもらえます。
⑥ 1番たくさん絵札をもらったら，勝ちです。

遊び方の工夫等

☆ クラスから1人が前に出てジェスチャーをして，全員で正解を当てる活動もできます。
☆ 動作を表す動詞は，ジェスチャーゲームで扱いやすいでしょう。
　S1：Look at me. Guess what I do.　S2：Do you *touch*?　S1：No, I don't.
　S2：Do you *wash*?　S1：Yes, I do. You're right. This card is for you.
☆ ジェスチャーをする人は，声を出してはいけません。ジェスチャー以外のヒントを友だちに与えないようにします。

Chapter 2　カルタを使った「生活語彙」の指導アイデア

番外編 29 お絵描きゲーム
Pictionary

レベル：★
時間：5〜10分
形態：ペア，グループ，全体
絵札：図・動・形 8〜16枚

奇想天外な絵が飛び出します。

≫ 進め方

① 絵札をウラにして重ね机の真ん中に置きます。
② 最初の人が絵札を1枚引いて，それを絵で描きます。
③ 他の人たちは絵を見て，絵札を当てます。正解した人が絵札をもらえます。
④ 次の人が絵札を引いて，同じことを繰り返します。
⑤ 絵札をたくさんもらった人が勝ちです。

Classroom English の例

① The first student will take a card.	① 最初の人が絵札を引きます。
② Look at it. Draw a picture of it.	② それを見て，その絵を描いてください。
③ The other students will look at the picture. They'll guess the word.	③ 他の人たちは，絵を見てください。その語を考えてください。
④ If you guess correctly first, you can keep the card.	④ もし最初に正しく答えたら，その絵札をもらえます。
⑤ Each person has a turn.	⑤ 1人ずつ順番にやります。
⑥ If you have the most cards, you win!	⑥ 1番たくさん絵札をもらったら，勝ちです。

遊び方の工夫等

☆ 1人が前に出て絵札を引いて黒板に絵を描き，クラス全員で正解を当てるゲームもできます。先生が絵を描いて，クラスの人たちが当てることもできます。次のようにパーツを描く順番を工夫すると，「いったいなんだろう」という興味がさらに高まり楽しくなります。

Can you guess what it is?

This is a bread.

They are scissors.

They are scissors too.

This is the moon.

This is a pillow.

This is a playground.

This is a rooster!

番外編 30 ティク・タク・トー
Tic-Tac-Toe

レベル：★★
時間：10〜15分
形態：全体
絵札：図 先生用Ａ４判 9枚

作戦を立ててクイズに答えます。

≫ 進め方

❶ 黒板に縦・横3列ずつの「井」型のマスを描きます。
❷ 9枚の絵札をオモテにしてマスのまわりに貼ります。
❸ クラスは2チームに分かれ，先攻（○）と，後攻（×）を決めます。
❹ 先生はマスのまわりの絵札に関するヒントを1つずつ出します。
❺ ヒントを1つ聞くごとに，どの絵札のことを言っているか，両チームが交互に答えます。
❻ 先生は，正解したチームに好きなマス目を選ばせ，チームのマーク（○か×）を書きます。
❼ ❹〜❻を繰り返して縦，横，斜めのいずれかを連続して埋めたチームが勝ちです。

Classroom English の例

① Make two teams.
② Look at the cards on the board.
③ I'll say a hint about one card.
④ The first team guesses the card.
⑤ If it is right, tell me where to make your mark.
⑥ If you are wrong, I'll give the second hint.
⑦ Now the second team can guess the card.
⑧ Keep taking turns, until a team wins tic-tac-toe.
⑨ Now listen to my first hint.
⑩ You're right. Tell me where you want to mark.

① 2つのチームを作ってください。
② 黒板の絵札を見てください。
③ 私が絵札に関するヒントを言います。
④ 最初のチームはどの絵札か答えてください。
⑤ 正解したら，どこに自分たちのマークを置くか言ってください。
⑥ 間違えたら，2番目のヒントを言います。
⑦ 2番目のチームが絵札を当ててください。
⑧ いずれかのチームが縦か横か斜めを埋めるまで順番に答えます。
⑨ それでは最初のヒントを聞いてください。
⑩ 正解です。マークを付けたい場所を言ってください。

遊び方の工夫等

☆ マスの位置は次のように言います。　例　Ss：Mark the top left, please.

top left	top center	top right
middle left	middle center	middle right
bottom left	bottom center	bottom right

Chapter 2　カルタを使った「生活語彙」の指導アイデア

Chapter 3
コピーしてすぐ使える！「生活語彙」カルタ集

3.1 カルタについて

　Chapter 3 にはコピーして使える絵札と読札を載せました。ここではカルタの使い方について説明します。

（1）絵札

カラー版絵札：インターネットからカラー版絵札をダウンロードできます。カラー教材は見た目に楽しく，子どもたちの関心がグッと高まります。（p.3参照）

　ダウンロードしたカラー版絵札をパソコンに入れて電子黒板やスクリーンに映し出すと，一斉指導に利用できます。スクリーン上の絵札をさして発音練習したり，絵札を見てクラスでクイズ大会をしたりします。絵札を黒板に貼る時間を節約できます。

イラスト：モノクロのイラストに好きな色を塗ると，自分だけの「My カルタ」になります。友だちのカルタとの区別がつきます。

綴り：綴りが不要な場合は，修正テープで消してからコピーします。できれば**文字あり絵札**と**文字なし絵札**を用意し，学習段階や活動の目的に合わせて使い分けます。

カルタ番号：活動で使うカルタを選んだり，カルタがそろっているか確認したりするときに使います。

図7　絵札の例

（2）読札

　先生が読むばかりでなく，子どもたちが読んでカルタをすると，文字の導入や中学校の「読む」ことの指導に利用できます。学習語の綴りと意味を隠す**文字なし読札**にするときは，修正テープで消したり，最上段をウラ側に折ったりして隠します。

図8　読札の例

（3）その他の工夫

準備：ゲームのたびに，必要な枚数のカルタを人数分用意して配布するのは手間がかかります。そこですべてのカルタをコピーして，ジップ付の袋に入れて子どもたちに持たせます。活動で使うカルタは，先生がカルタ番号を言って子どもたちが選ぶようにすると，数字を聞き取る練習になります。慣れないうちは，先生が数字を言って黒板に番号を書いたり，該当する

カルタを黒板に貼ったりして，目で確認しながら準備をします。はじめは時間がかかりますが，慣れると手早く準備できるようになります。

> **Classroom English の例**
>
> ① Get your karuta cards from your locker.
> ② Today we'll use eight picture cards.
> ③ I'll say the eight numbers.
> ④ Please listen to them carefully. Pick out the cards. Okay?
> ⑤ The cards are 12, 15, 55, …
>
> ① ロッカーからカルタを取って来てください。
> ② 今日は8枚の絵札を使います。
> ③ 私が8つの数字を言います。
> ④ よく聞いてください。その絵札を選んでください。いいですか。
> ⑤ その絵札は12，15，55，…

シート：カルタは切り離さずに，シートのままで使うことができます。遊び方は限定されますが，カードを紛失する心配が減ります。

拡大カルタ：一斉指導の際には，A4判の拡大カルタを使うと，クラス全員にカルタを見せることができます。また，ウラにマグネットを付けると黒板に貼れて便利です。拡大カルタは市販の透明のセロハン袋に入れると，ラミネートしたのと同じ状態になります。

1人1セットのカルタ：グループで1セットのカルタを使って活動することも可能ですが，1人に1セットのカルタがあると，活動に関わる度合が高まり，学習効果が格段に高まります。

コピー：普通紙に絵札をコピーすると，イラストが透けて見えてしまいます。透けないようにするには，102ページにあるデザインカードをカルタの裏面に印刷します。

耐久性：カルタを扱いやすくし，また耐久性を持たせるには，コピー後にラミネート加工します。時間がない場合は，写真用印刷用紙等の厚手の紙に印刷すると耐久性が高まります。

(4) 指導にあたって

文字の使用：発音と意味の結びつきを確立するには，はじめは「文字なし絵札」を使います。発音と意味が結びつくようになったら「文字あり絵札」を使い，「発音・意味・文字」のネットワークをつくります。はじめから文字を与えると，文字を読んで発音する子どもが出てきます。そうした子どもは「文字なし絵札」を見ても正しく発音できません。

絵札と発音の提示のタイミング：発音と絵札を見せるタイミングは重要です。先生が発音を示した後，一息置いて，子どもたちが意味をイメージした頃を見計らって絵札を見せます。逆の場合は，絵札を見せた後，少し間を置いて子どもたちが発音を想起した頃を見計らって，先生が発音します。発音と意味を同時に提示すると子どもたちが考える機会がありません。

3.2 英語の面白情報

本書で扱う生活語彙の中には，英語と日本語で意味に違いがあるものや，異なる文化背景を持つもの等，興味深いものがあります。ここではそのような単語を取り上げます。（ ）の数字は，カルタの番号を示します。

apple (1) 日本ではりんごと言えば赤色ですが，ヒント文に "I'm red or green." とあるように，北米では「青りんご」もよく見かけます。そして，日本語の「青りんご」は英語では a green apple です。日本語では「青」は緑色等の寒色全体をさすことがあり，実際は緑色のものに対して青信号（a green light），青野菜（green vegetables），青葉（a green leaf）と言っています。

bread (3) bread は「パン」だけでなく，banana bread, pumpkin bread のように日本で言うところのパウンドケーキのようなものや，gingerbread のようなクッキーのようなものまで含みます。

rice (15) 日本語の「稲」「米」「ごはん」「ライス」「めし」は，英語では，rice という 1 つの語で対応します。

soup (18) ヒント文に "You eat me with a spoon." とあるように，英語では，スープは「食べる」もので，"I eat soup." と言います。一方，日本語ではスープは飲むものですね。

cap (22)/hat (25) 英語ではふちのない帽子（cap）と，ふちのある帽子（hat）を区別しますが，日本語ではその区別はなく，どちらも「帽子」です。

glasses (23)/glass (42) glasses は glass の複数形です。glass は日本語のグラス，コップ，ガラスの意味で，glasses は「メガネ」です。面白いことに，日本語では，glass をコップの意味で使うときは「グラス」，硝子の意味では「ガラス」と言って発音で区別します。

pants (27) pants は米国英語では「ズボン」をさし，英国英語では下着の「パンツ」をさします。米国英語では下着の「パンツ」を「ズボンの下に履くもの」という意味で underpants と言います。英国英語では「ズボン」は trousers です。ちなみに日本語の「ズボン」はフランス語の jupon に由来すると言われています。

clock (37) 英語では「時計」に watch（腕時計）と clock（掛け時計，置き時計）の区別があります。clock には alarm clock（目覚まし時計），cuckoo clock（ハト時計），grandfather clock（大型の振り子時計）等があり，watch には stopwatch（ストップウォッチ），digital watch（デジタル時計），wristwatch（腕時計）等があります。

stove (53) ガスや電気が普及する以前，暖房用のストーブは料理にも使われていたため，調理用の（ガス／電気）レンジ（コンロ）を今でもストーブと言います。

car (76) 一般に自家用の自動車をさし，バス，トラック，タクシーは含みません。

ship (78)　日本語では大型のフネを「船」，小型のフネや手動のフネを「舟」と書いて区別します。英語では大型のフネを ship，小型のフネや一般のフネを boat と言います。ちなみに日本語の「ボート」は主にこぎ船をさします。

aunt (80)/uncle (89)　日本語では父母の兄には伯父，弟には叔父の字をあて，父母の姉には伯母，妹には叔母の字をあてて区別します。英語では，こうした兄弟姉妹の順番に関する区別はありません。

brother (82)/sister (88)　英語では兄弟姉妹の区別がありません。そのため，兄でも弟でも区別なく男の兄弟がいれば "I have a brother." です。sister も同様です。

face (92)/head (96)　日本語では，一般に人の「頭」は頭髪の生えた頭部をさします。一方，英語の head は首から上の部分をさし，顔を含みます。そのため読札の face には "I'm on your head."（私はあなたの頭にあります），head には "I sit on your neck."（私はあなたの首の上にあります）というヒントがあります。

finger (93)　finger は手の指で親指を含みません。親指には thumb という個別の名称があります。そのため読札の finger のヒントには "There are eight of me." があります。ちなみに人指し指は index finger，中指は middle finger，薬指は ring finger，小指は little finger 等と呼ばれます。また，足の指は toe です。

cow (104)　日本語のウシには雄と雌の区別はありませんが，英語では雌牛は cow，雄牛は bull，去勢雄牛は ox とそれぞれ呼び方があります。家畜としての総称は cattle で，子牛は calf と言います。

polar bear (110)　日本語では「白クマ」ですが，英語では polar bear（ホッキョクグマ）です。

rooster (111)　ニワトリは chicken ですが，英語では朝コケコッコーと鳴くオンドリを rooster，卵を産むメンドリを hen と区別して呼ぶこともあります。ひよこは chick です。

tiger (112)　読札のヒントは日本の子どもに合わせて "I'm yellow and black." ですが，英語圏ではトラの縞模様はオレンジ色と認識されるので "I'm orange and black." となります。

wear (157)　日本語では，「帽子をかぶる」「くつを履く」「めがねをかける」「手ぶくろをはめる」とそれぞれ異なる動詞を使います。一方，英語では読札のように，wear a cap，wear shoes，wear glasses，wear gloves と動詞はすべて wear です。他にも，wear a belt，wear a ring，wear a seatbelt と言います。「wear + 身につけるもの」の適用範囲が広いことがわかります。

常に複数で用いられる語

glasses（23），*gloves*（24），*pajamas*（26），*pants*（27），*shoes*（28），*socks*（29），*scissors*（65）のように，対になった2つの部分からなる衣類・器具等は，通常は複数形です。また，*noodles*（8）は通常の状態では複数集まっているので複数形です。

3.3 ヒントで使う英語の文型

読札のヒントで使う主な文型をまとめました。ヒント文はおもに一人称あるいは二人称を主語としています（p.80参照）。

I'm（a）+ 名詞　（私は〜です）

例　I'm a woman.　私は女性です。

- I'm に a man, part of your body 等の名詞が続きます。
- 一般に名詞では，冠詞（a / an / the）のあり・なし，3種類の冠詞の使い分けや my, your のあり・なしも意識します。

I'm + 形容詞　（私は〜です）

例　I'm small.　私は小さいです。

- I'm に soft, round, cold 等の形容詞が続きます。主語の性質や状態等を表します。
- 冠詞は必要ありません。

I'm ＋前置詞＋場所　（私は〜にいます／〜にあります）

例　I'm at home.　私は家にいます／家にあります。

- 主語がある場所，住む場所，存在する場所等を表します。
- 場所を示す主な前置詞は at, in です。例　at school, in Japan

I ＋動詞＋目的語　（私は〜をします／〜にします）

例　I drink milk.　私はミルクを飲みます。

- 動詞は他動詞です。
- 動詞のあとに続く名詞が単数形か複数形かについても注意します。

例　×　Close your eye.　→　○　Close your eyes.　（目は2つあるので複数形）
　　×　I like dog.　→　○　I like dogs.　（種全体を示すので複数形）

I ＋動詞　（私は〜します）

例　I break easily.　私は壊れやすいです。

- 動詞は自動詞で，easily は副詞です。
- 自動詞には目的語は必要ありません。

3.4 カルタ活動で使う教室英語の例

★ゲームの開始

Make pairs. / Find a partner.	ペアになって。／パートナーを見つけてください。
Make groups of four students.	4人グループを作ってください。
Line up. / Make a line.	並んでください。
Rock, scissors, paper.	グーチョキパー。（ジャンケンポン）
Take turns.	順番にやってください。交替でやってください。

★カードの扱い方

Shuffle the cards.	カードを切ってください。
Deal the cards.	カードを配ってください。
Spread the cards on the desk, face up.	オモテを上にしてカードを机に広げてください。
Put the cards on the desk, face down.	オモテを下にしてカードを机に置いてください。
Pile up the cards, face down.	オモテを下にしてカードを重ねてください。
Turn over the cards, face up.	カードを裏返して，オモテを上にしてください。
Collect the cards.	カードを集めてください。
Hold the cards in your hands.	手の中にカードを持ってください。
Hold up the cards.	カードを上に上げてください。
Show the cards.	カードを見せてください。
Put away the cards.	カードをしまってください。

★ゲーム中の指示

Walk around the room.	部屋の中を歩き回ってください。
Guess the card I'm talking about.	私が説明しているカードを当ててください。
Who wants to try?	誰かやってみたい人？
Please come to the front.	前に来てください。
Pass the cards.	カードを回してください。
Decide who goes first.	誰が最初にやるか決めてください。

★ゲームの終わりの指示

Masao-kun is the champion.	マサオ君が優勝です。
Team A wins.	Aチームの勝ちです。
It's a tie.	引き分けです。
You're the winner! / You win!	あなたが優勝です。／あなたの勝ちです。

3.5 絵札

(1) 絵札を見せるタイミング

一斉指導の際は絵札と発音を示すタイミングが重要です。

発音⇒絵札：発音を聞かせてから，一呼吸おいて絵札を見せます。発音を聞かせて，「何って言っているのだろう」と子どもたちの注意を発音に集中させ，その後タネ明かしとして絵札を見せて意味を示します。

絵札⇒発音：絵札を見せて一呼吸おいて発音を聞かせます。絵札を見せて，「英語で何と言ったっけ…」と考えさせてから，発音を聞かせます。発音と意味を同時に提示すると，注意が分散して，負担が大きくなります。

(2) 綴りの提示

絵札は，必要に応じて，「文字あり絵札」と「文字なし絵札」を用意し，使い分けるとよいでしょう（p.7参照）。「文字あり絵札」では，綴りを読んで発音する子どもがいるので，意味と発音が本当に結びついているかどうかを確認できません。「文字なし絵札」を見て発音できるようになれば，意味と発音が結びついたと言えます。意味と発音が結びついたことが確認できた段階で，「文字あり絵札」を使います。子どもたちは綴りを見て，納得したり，安心したりして，発音と意味と綴りの結びつきが強まります。

子どもたちに2種類の絵札を用意することができない場合には，全体指導用のA4判の拡大絵札に「文字あり」「文字なし」を用意します。全体指導をとおして「文字なし絵札」を使い，子どもたちに発音と意味の結びつきが十分にできているかどうかを確認することができます。

(3) カラー版絵札

カラー版の「文字なし絵札」と「文字あり絵札」は以下のURLからダウンロードして，印刷して使うことができます。ユーザー名とパスワードを入力するとダウンロードできます。

```
URL   http://meijitosho.co.jp/093314#supportinfo
ユーザー名　093314　　　　　　　　パスワード　ncckko
```

絵札1〜8

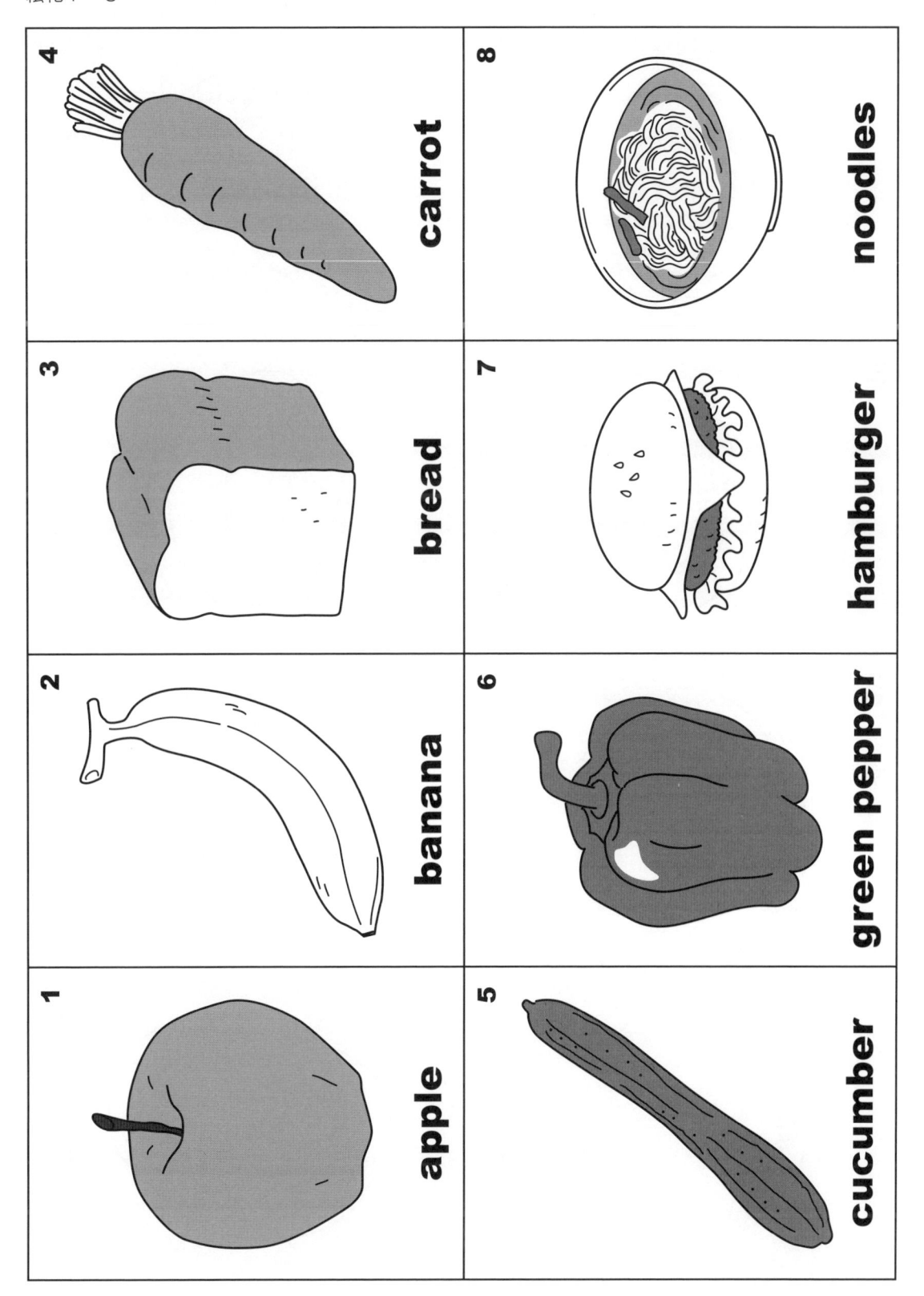

1 apple	2 banana	3 bread	4 carrot
5 cucumber	6 green pepper	7 hamburger	8 noodles

Chapter 3　コピーしてすぐ使える!「生活語彙」カルタ集

絵札 9〜16

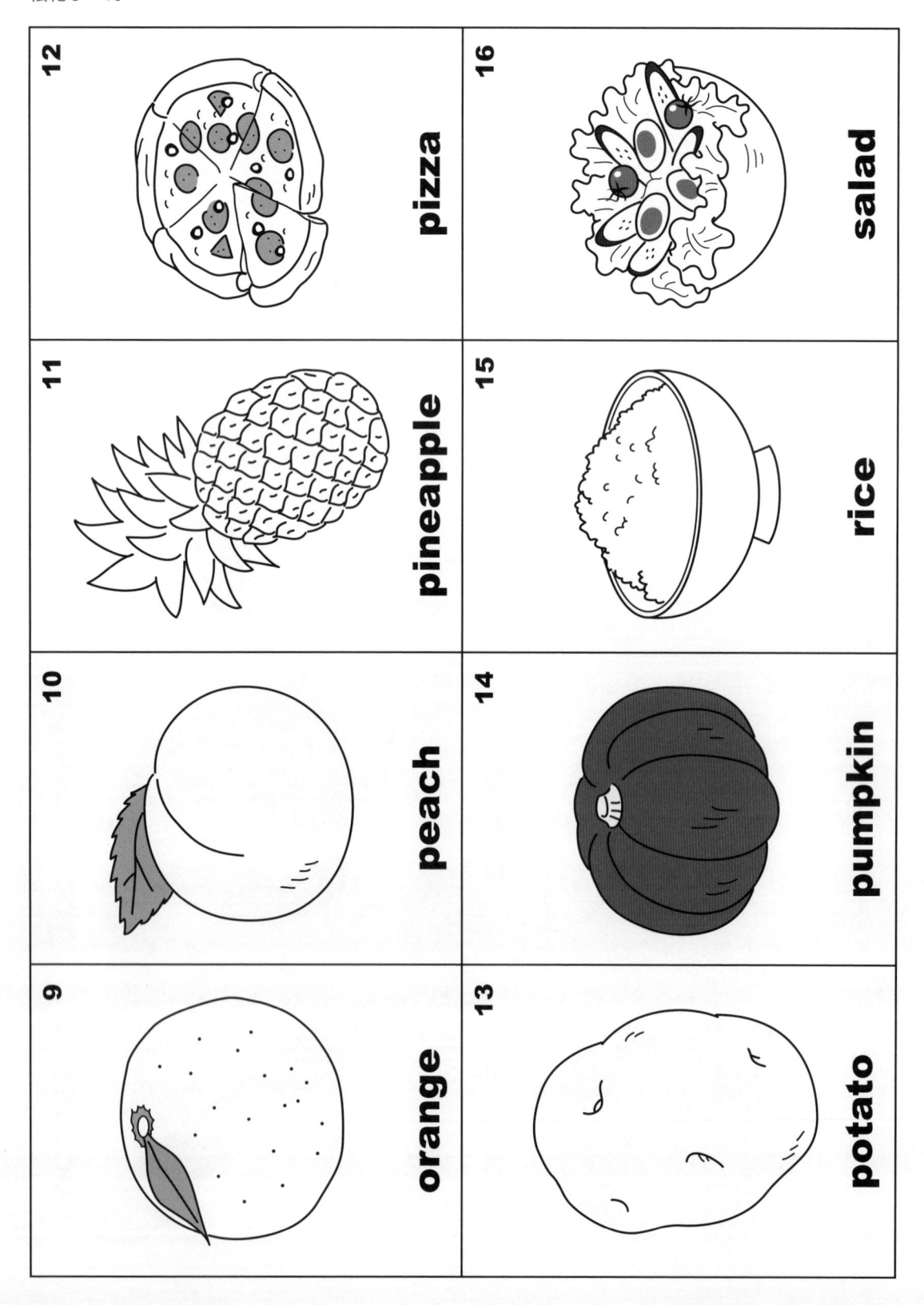

12 pizza	16 salad
11 pineapple	15 rice
10 peach	14 pumpkin
9 orange	13 potato

絵札17〜24

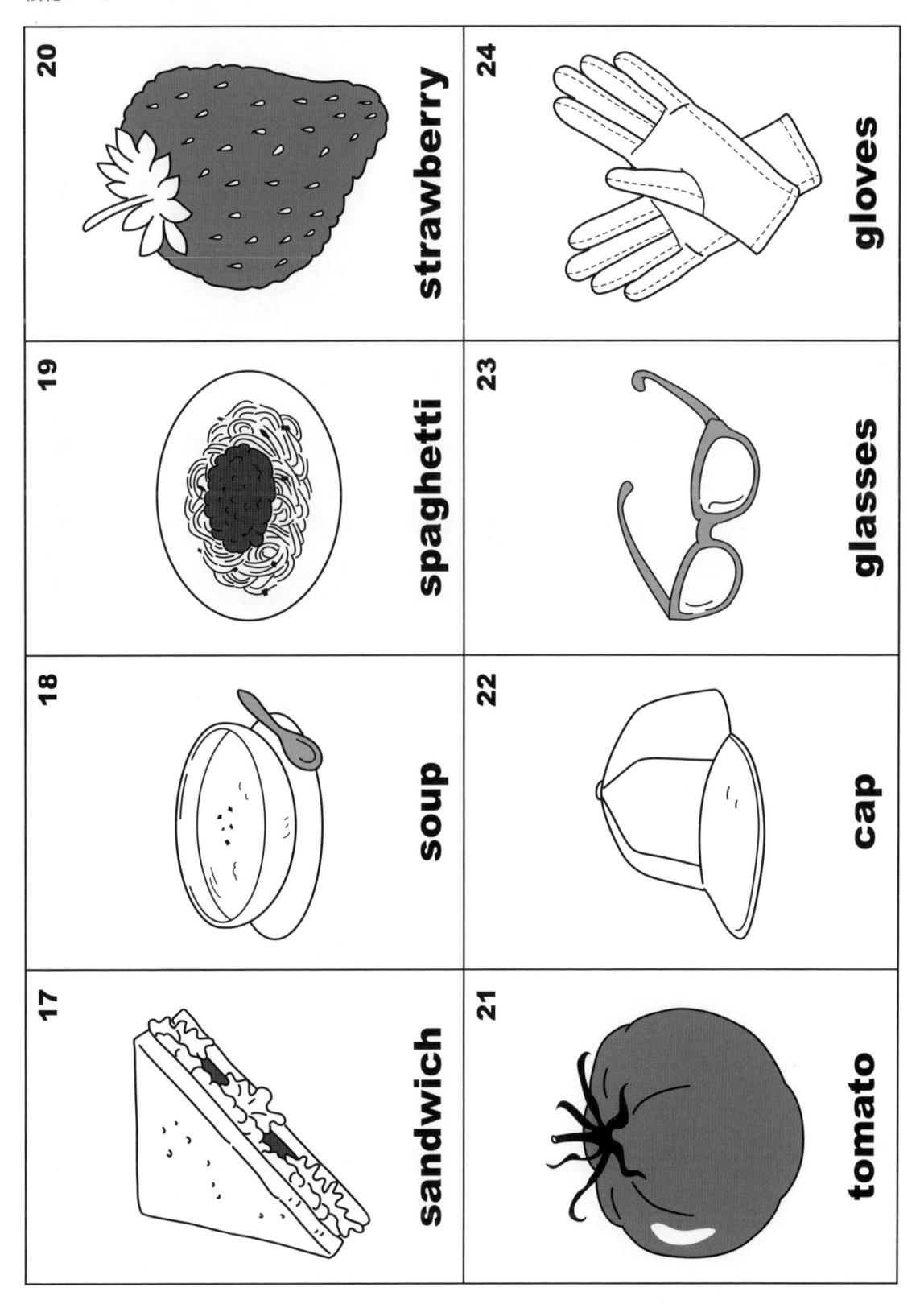

17 sandwich	18 soup	19 spaghetti	20 strawberry
21 tomato	22 cap	23 glasses	24 gloves

Chapter 3　コピーしてすぐ使える！「生活語彙」カルタ集

絵札25〜32

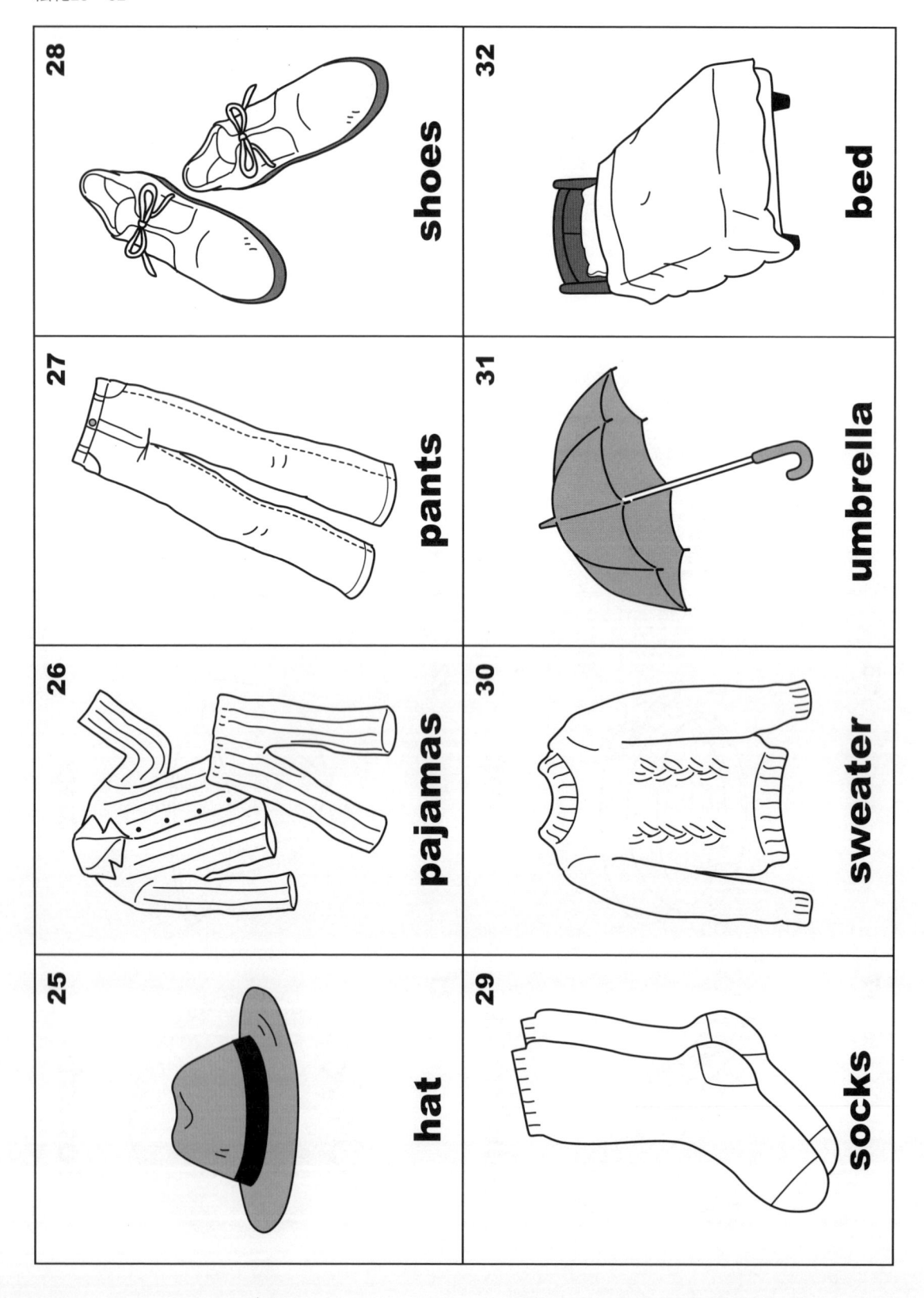

28 shoes	32 bed
27 pants	31 umbrella
26 pajamas	30 sweater
25 hat	29 socks

絵札33〜40

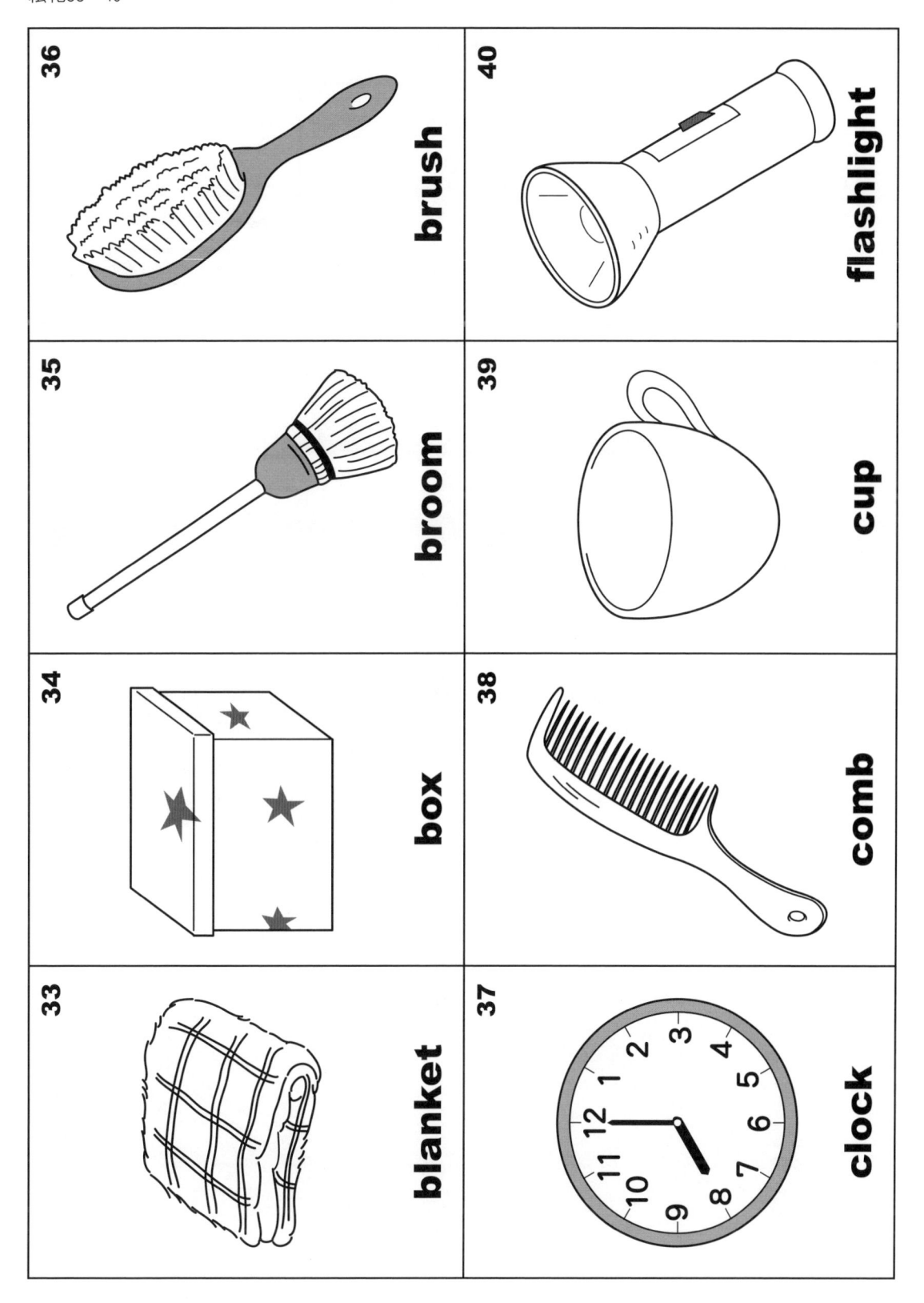

36 brush	40 flashlight
35 broom	39 cup
34 box	38 comb
33 blanket	37 clock

Chapter 3　コピーしてすぐ使える！「生活語彙」カルタ集　63

絵札41〜48

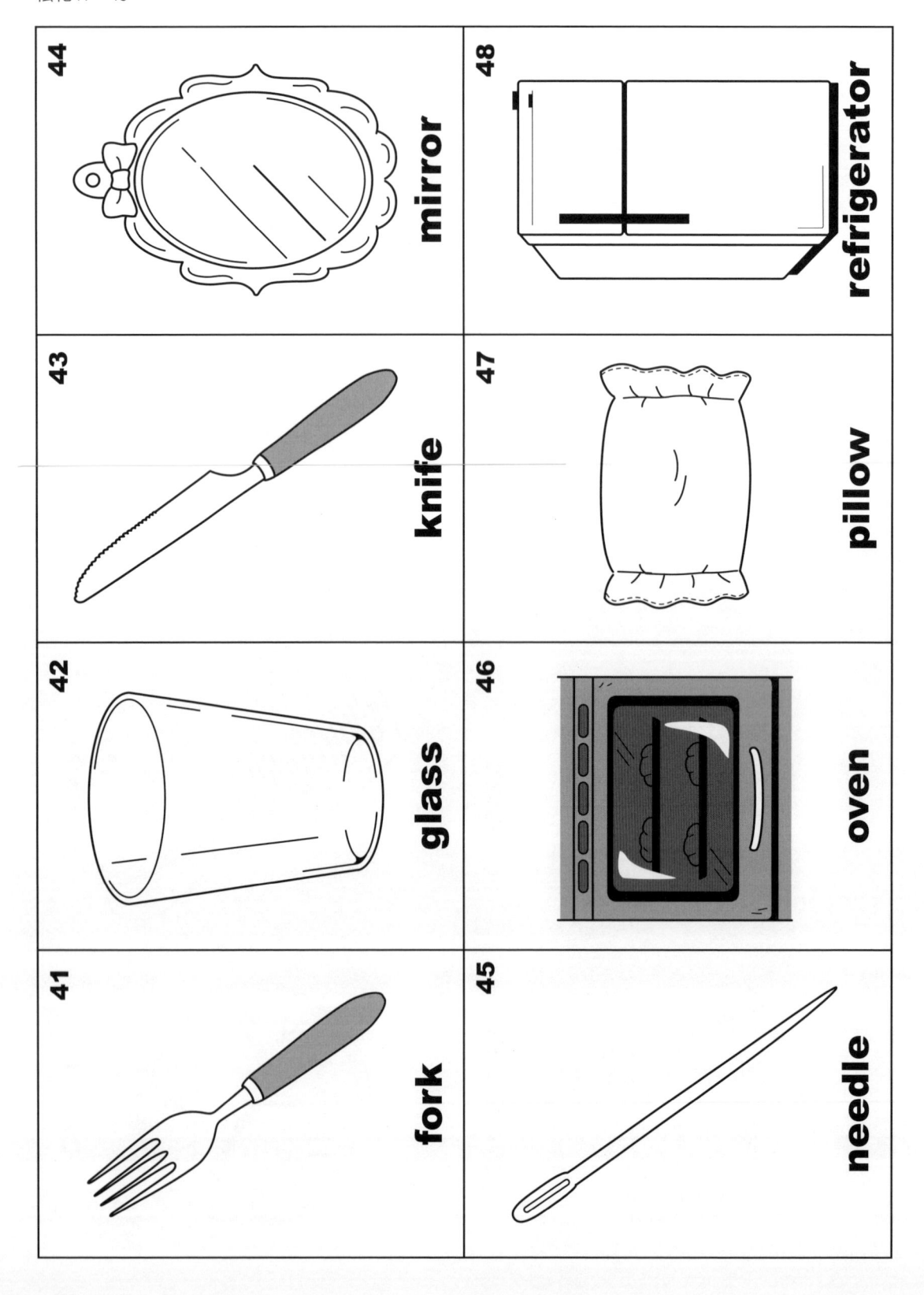

44 mirror	48 refrigerator
43 knife	47 pillow
42 glass	46 oven
41 fork	45 needle

絵札49〜56

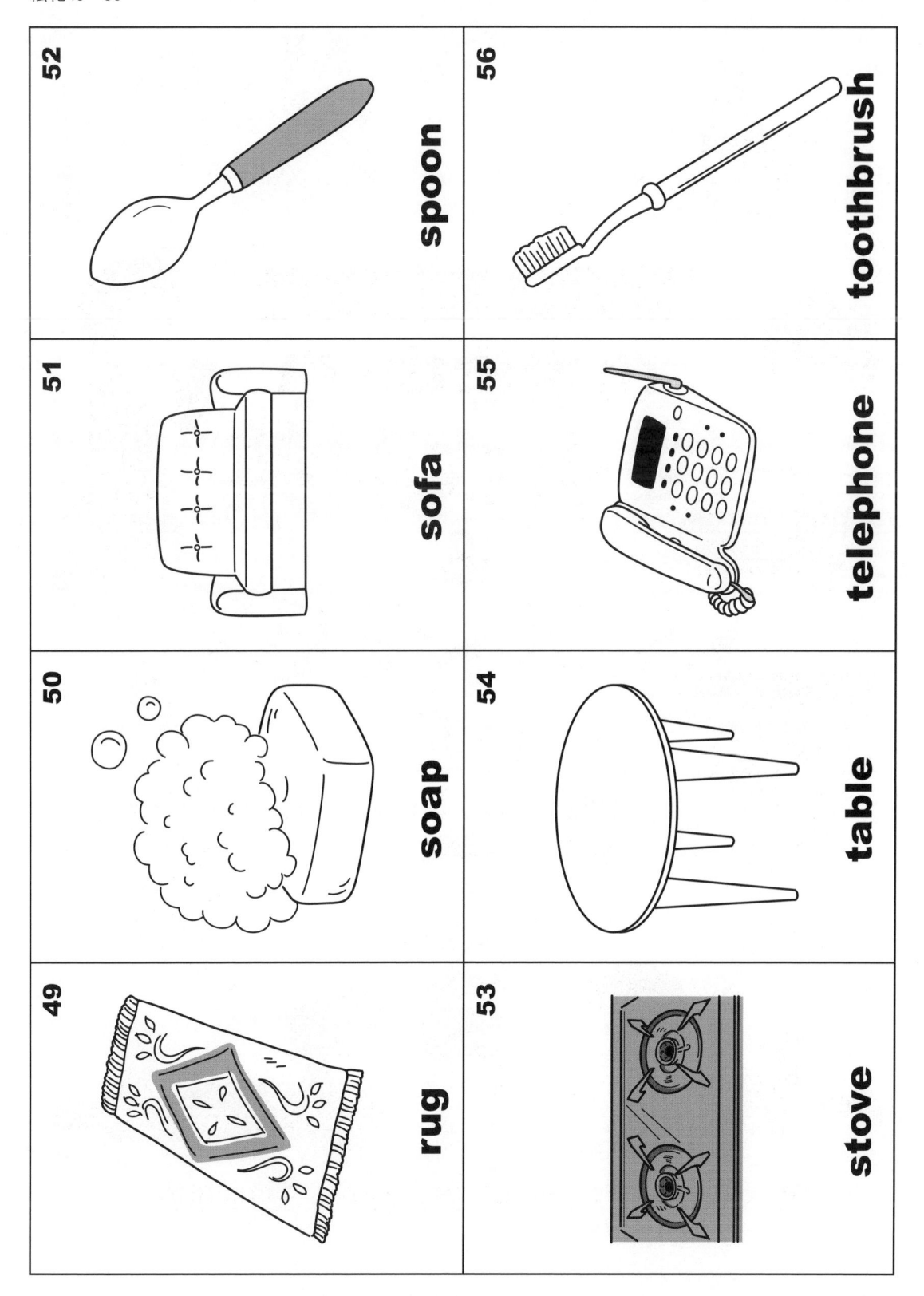

52 spoon	56 toothbrush
51 sofa	55 telephone
50 soap	54 table
49 rug	53 stove

Chapter 3　コピーしてすぐ使える！「生活語彙」カルタ集

絵札57〜64

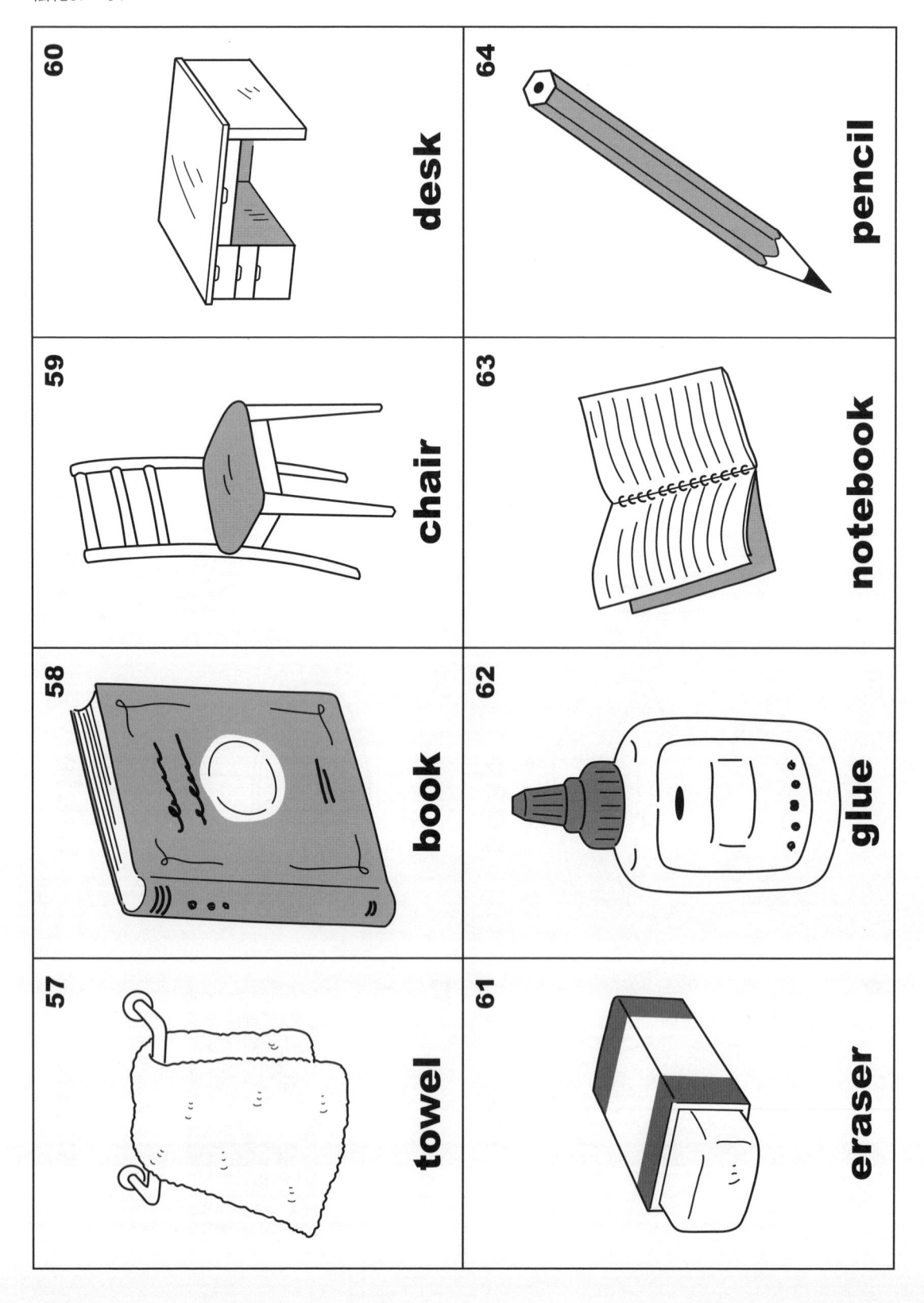

60 desk	64 pencil
59 chair	63 notebook
58 book	62 glue
57 towel	61 eraser

絵札65〜72

68 bridge	72 store
67 teacher	71 school
66 student	70 playground
65 scissors	69 farm

Chapter 3　コピーしてすぐ使える！「生活語彙」カルタ集

絵札73〜80

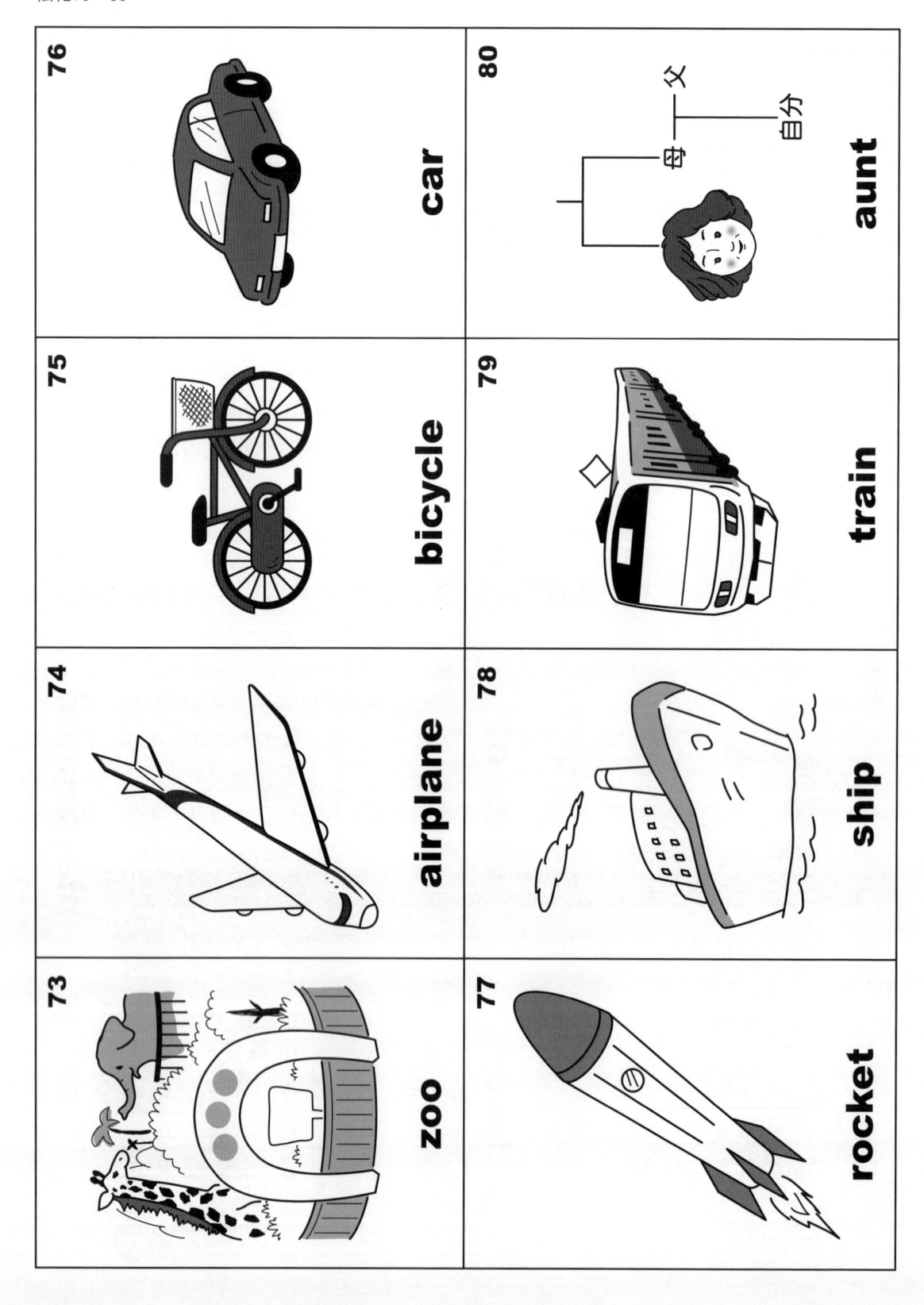

73 zoo	77 rocket
74 airplane	78 ship
75 bicycle	79 train
76 car	80 aunt

絵札81〜88

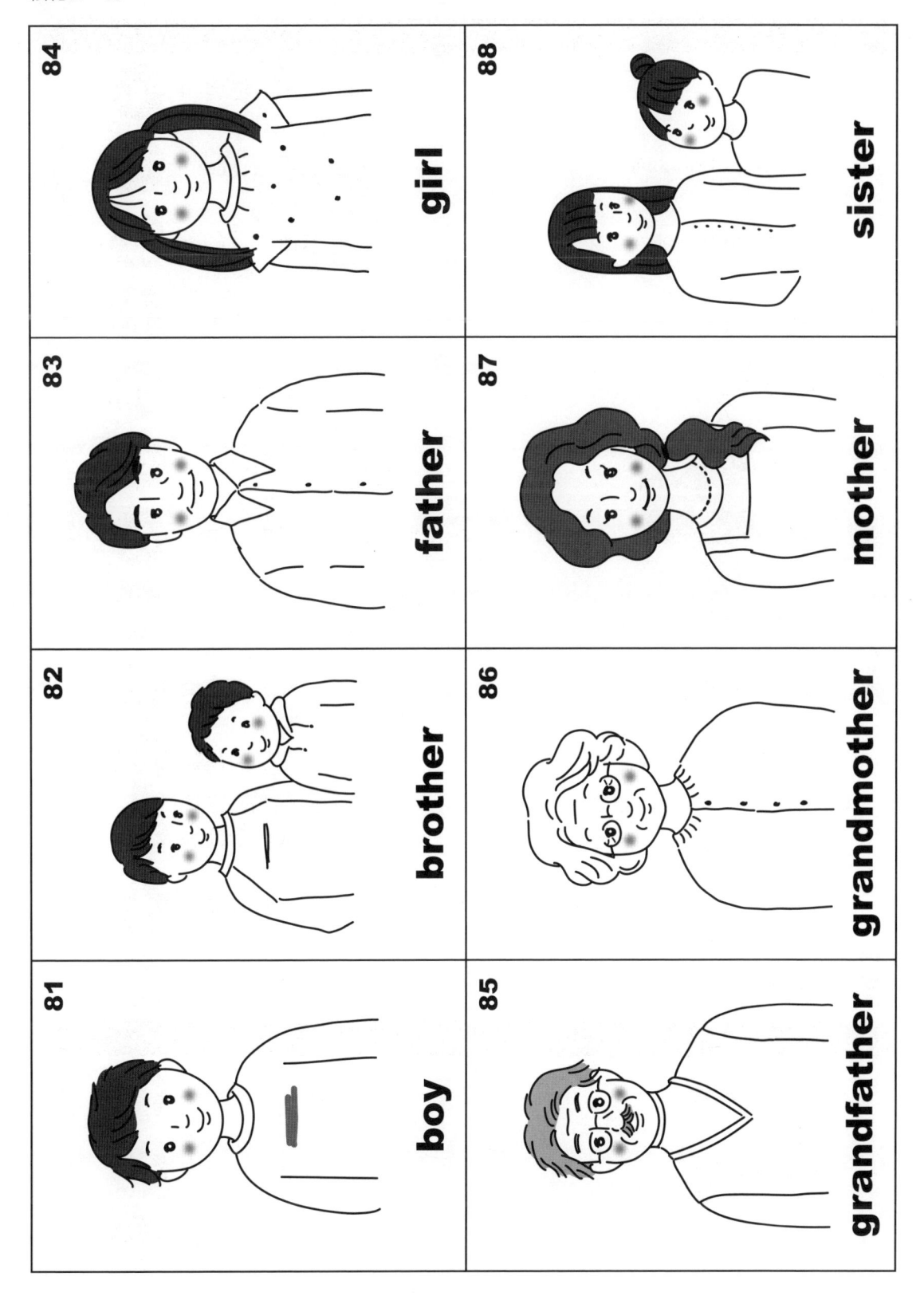

84 girl	88 sister
83 father	87 mother
82 brother	86 grandmother
81 boy	85 grandfather

Chapter 3　コピーしてすぐ使える！「生活語彙」カルタ集

絵札89〜96

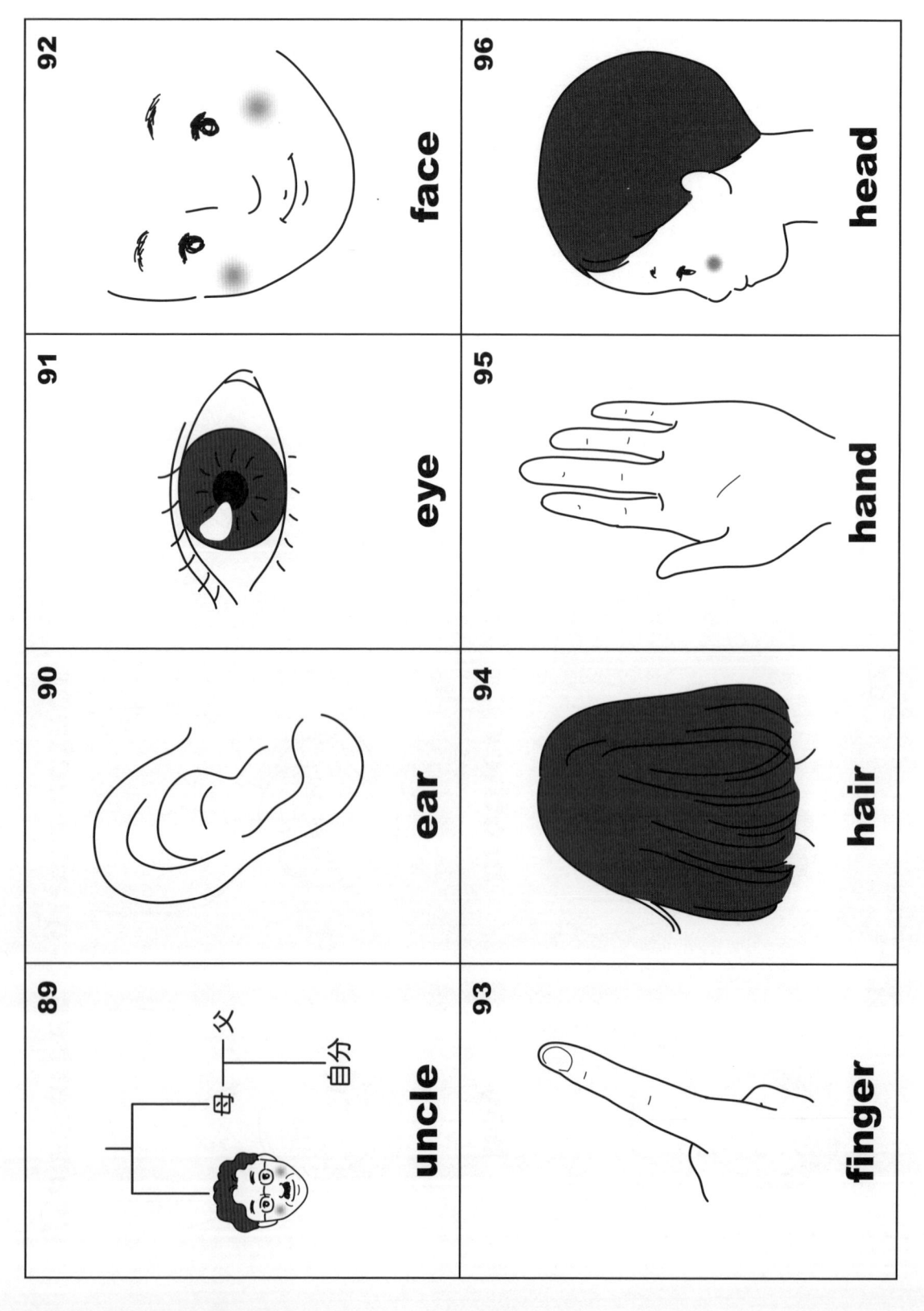

92 face	96 head
91 eye	95 hand
90 ear	94 hair
89 uncle	93 finger

絵札97〜104

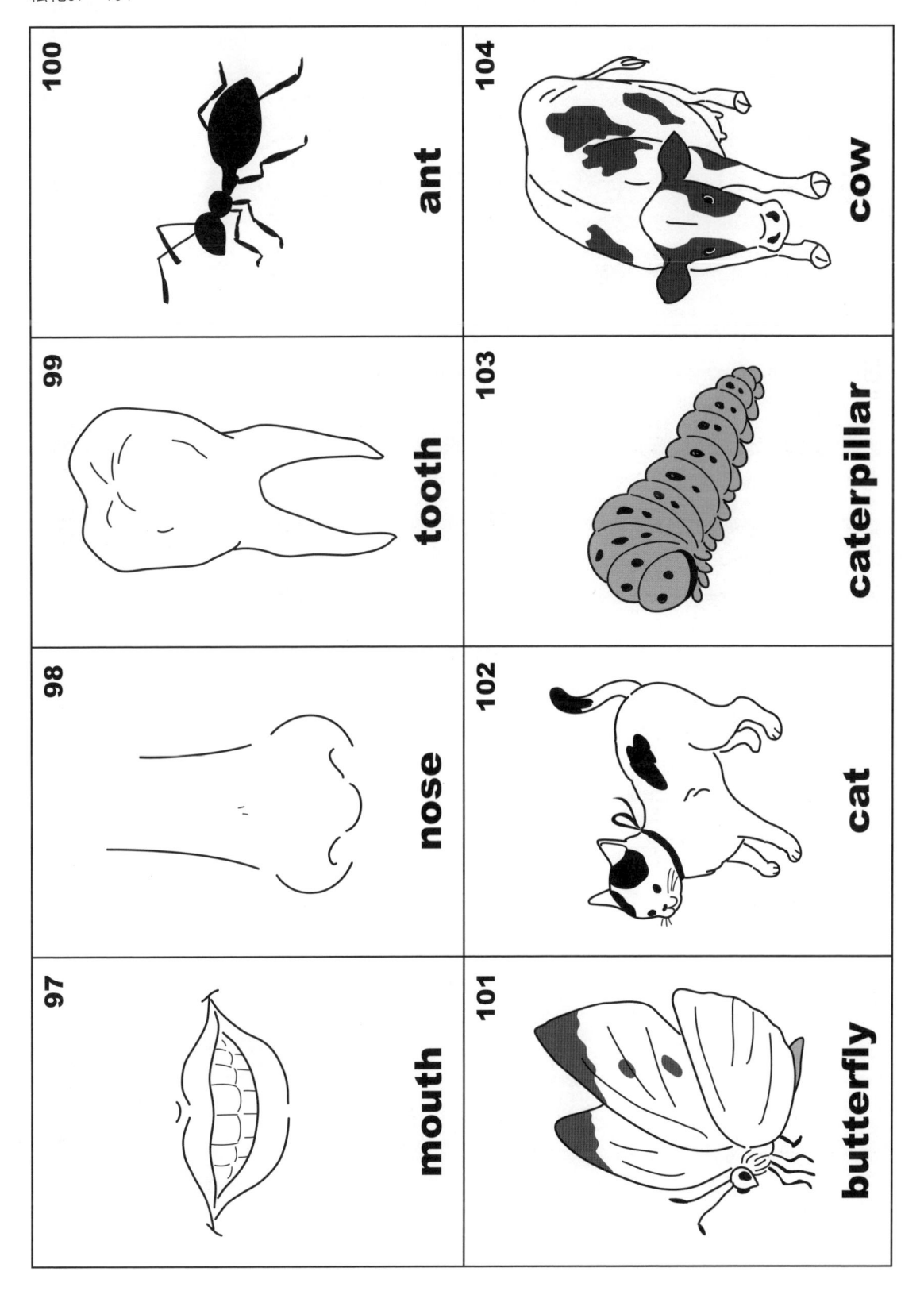

100 ant	104 cow
99 tooth	103 caterpillar
98 nose	102 cat
97 mouth	101 butterfly

Chapter 3　コピーしてすぐ使える！「生活語彙」カルタ集　71

絵札105〜112

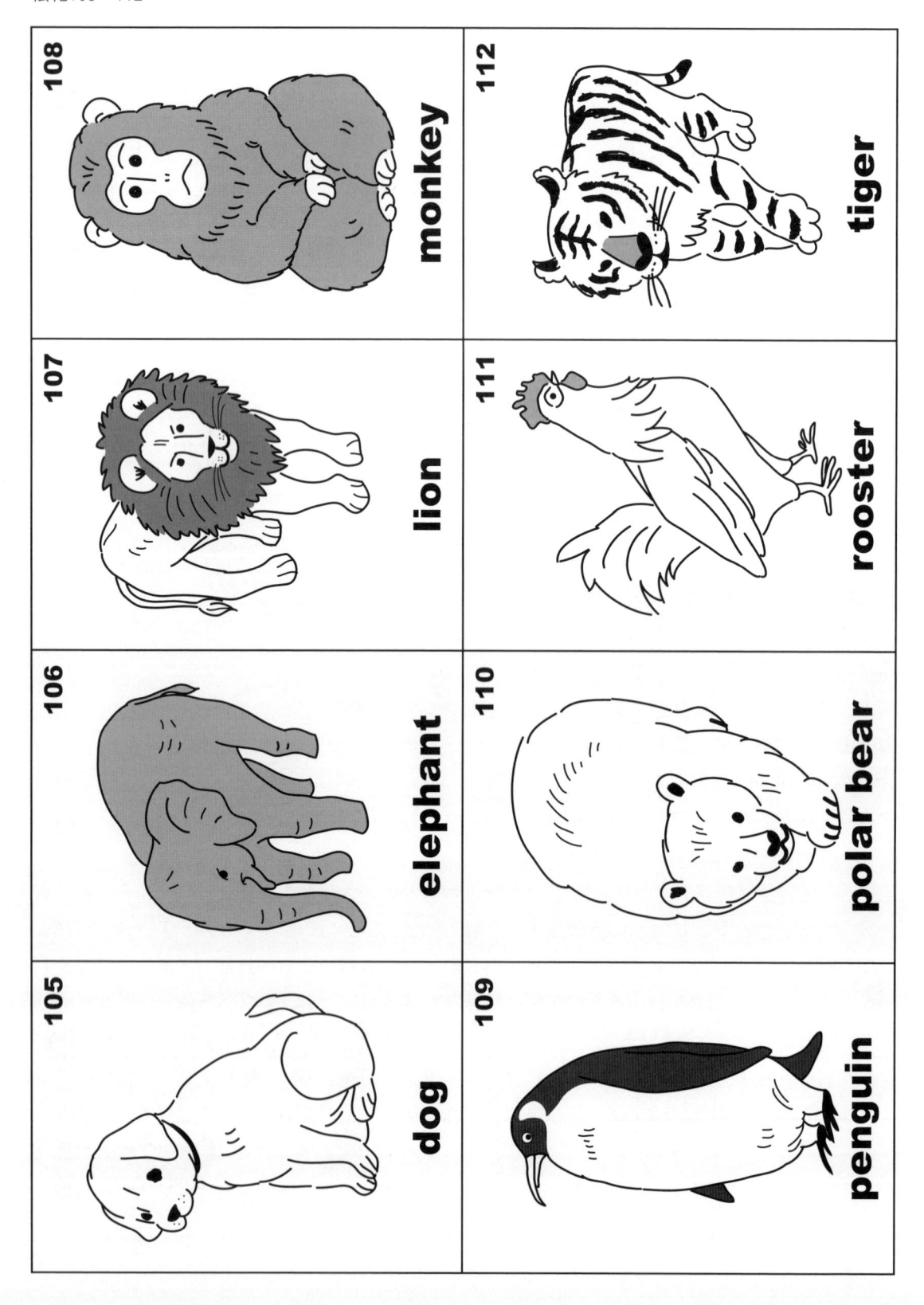

108 monkey	112 tiger
107 lion	111 rooster
106 elephant	110 polar bear
105 dog	109 penguin

絵札113〜120

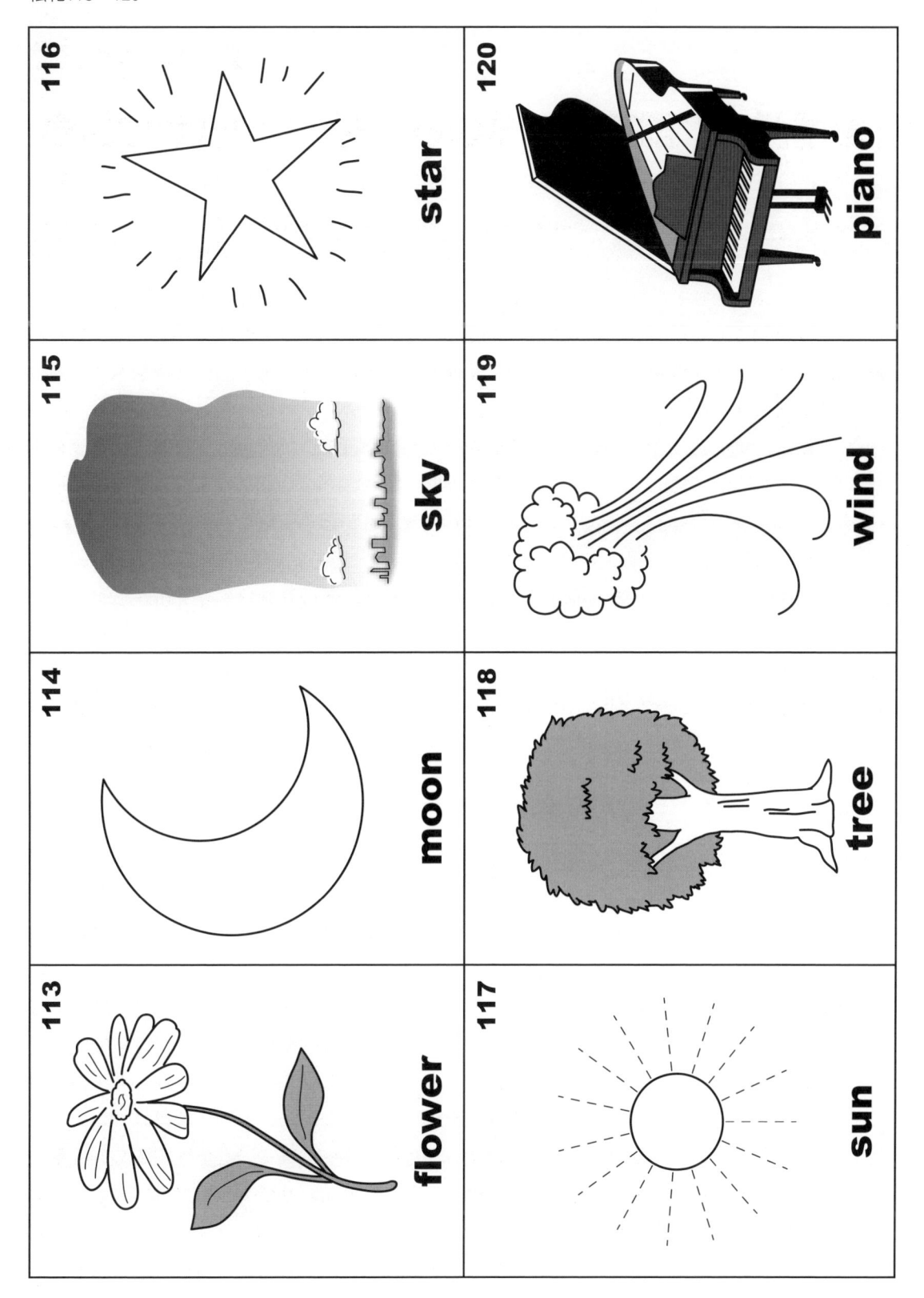

116 star	120 piano
115 sky	119 wind
114 moon	118 tree
113 flower	117 sun

Chapter 3　コピーしてすぐ使える！「生活語彙」カルタ集

絵札121〜128

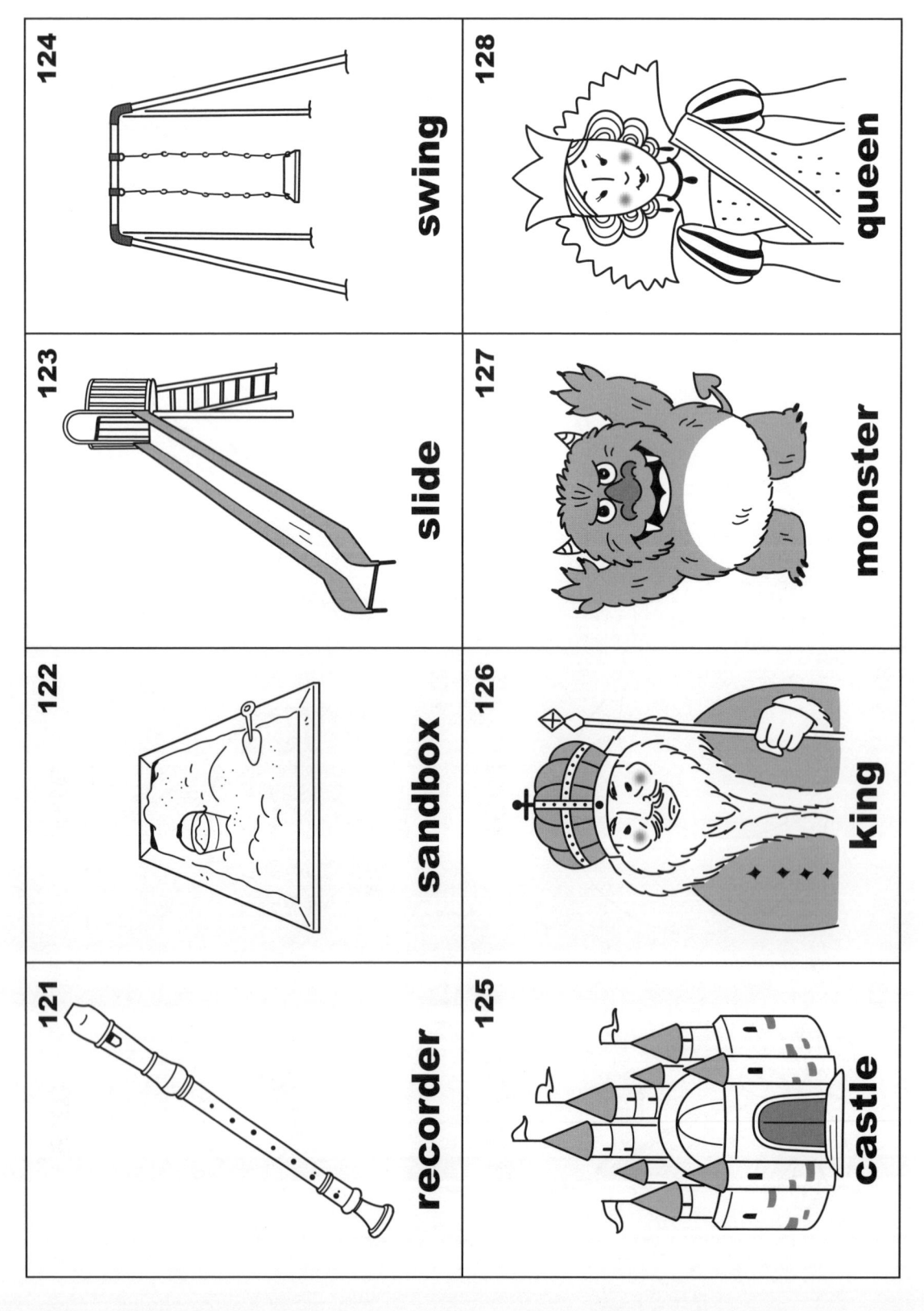

124 swing	128 queen
123 slide	127 monster
122 sandbox	126 king
121 recorder	125 castle

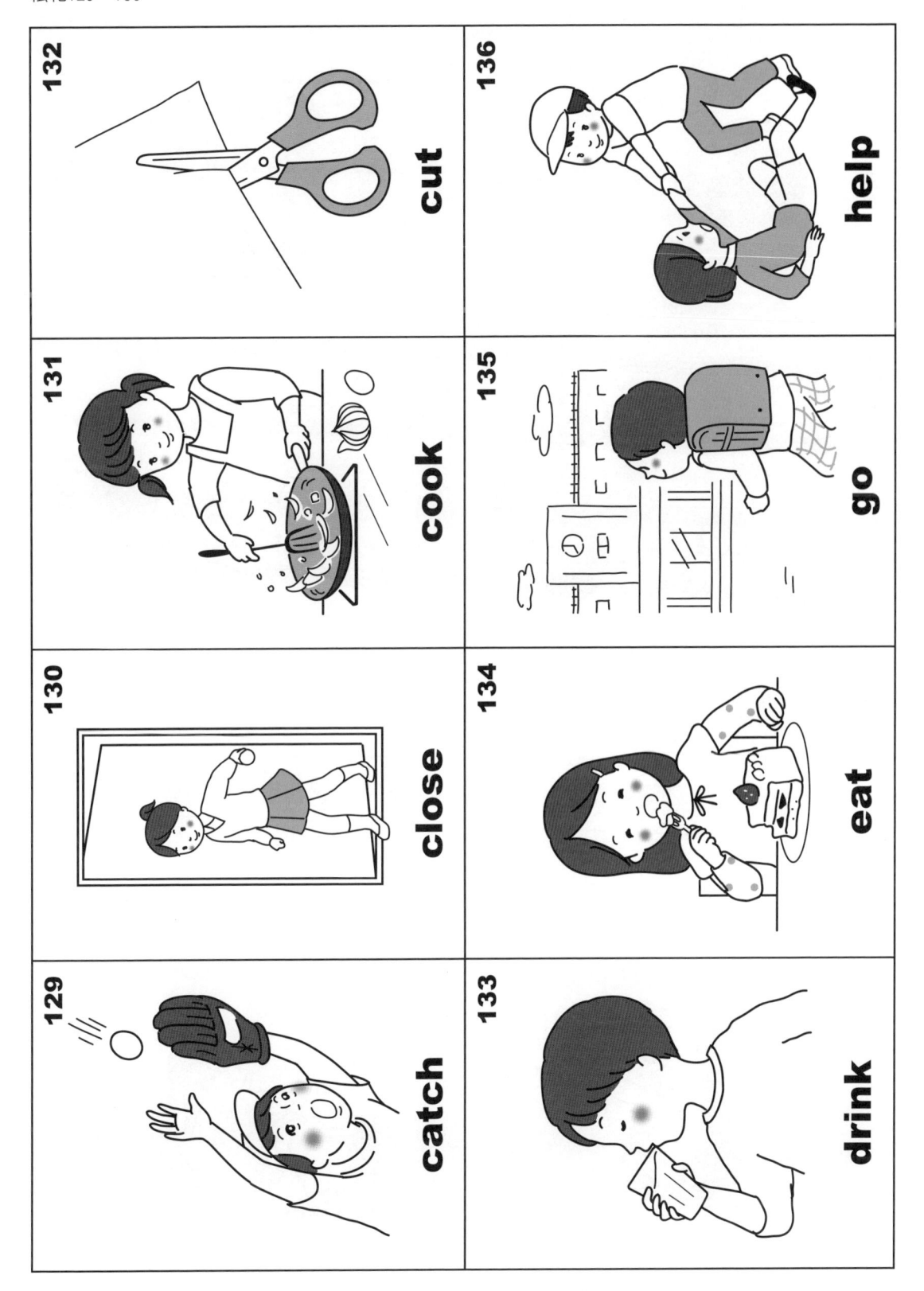

絵札129〜136

132 cut	136 help
131 cook	135 go
130 close	134 eat
129 catch	133 drink

Chapter 3　コピーしてすぐ使える！「生活語彙」カルタ集　75

絵札137〜144

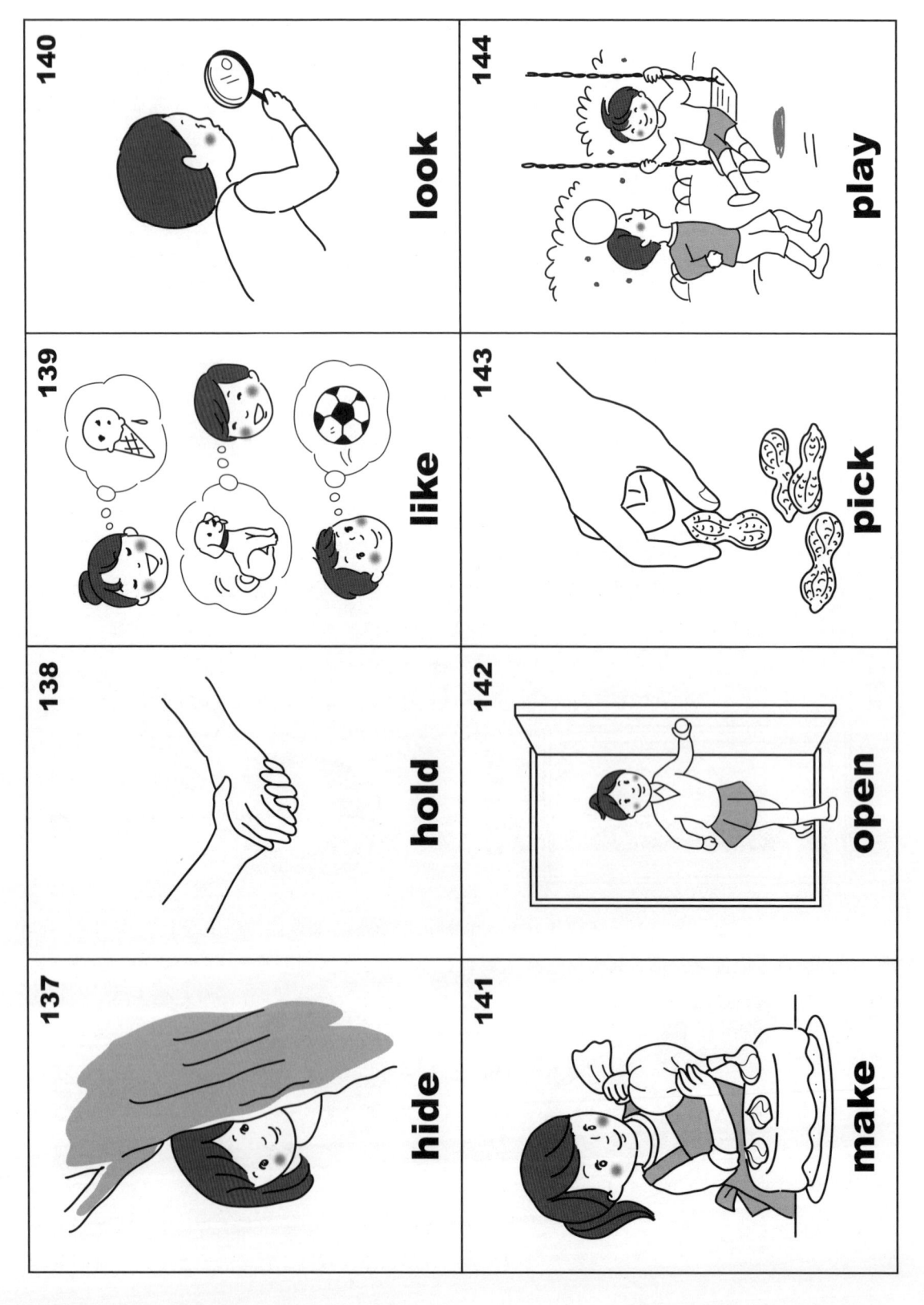

140 look	144 play
139 like	143 pick
138 hold	142 open
137 hide	141 make

絵札145～152

148 ride	152 touch
147 read	151 take
146 put	150 show
145 push	149 see

Chapter 3 コピーしてすぐ使える！「生活語彙」カルタ集

絵札153〜160

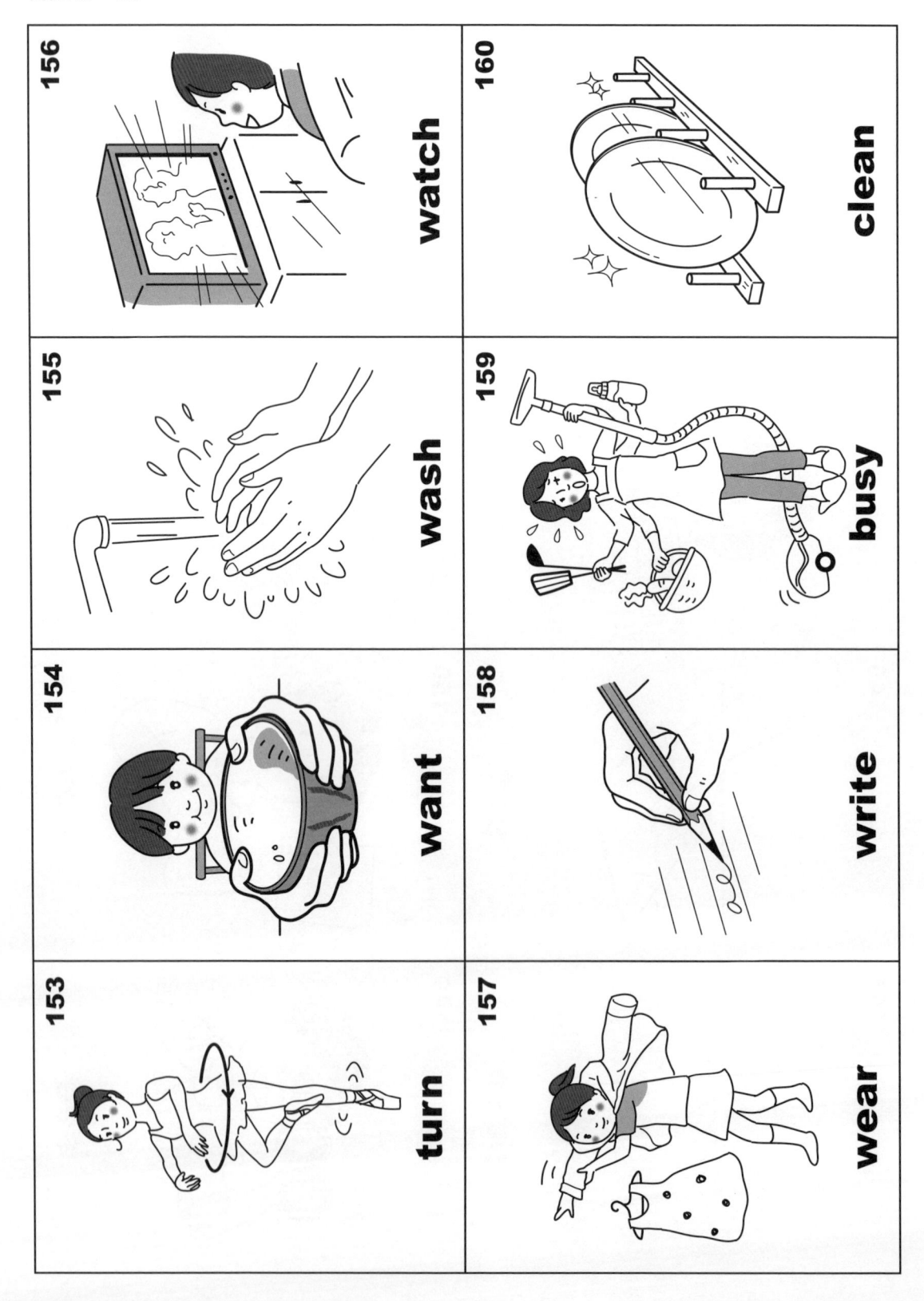

156 watch	160 clean
155 wash	159 busy
154 want	158 write
153 turn	157 wear

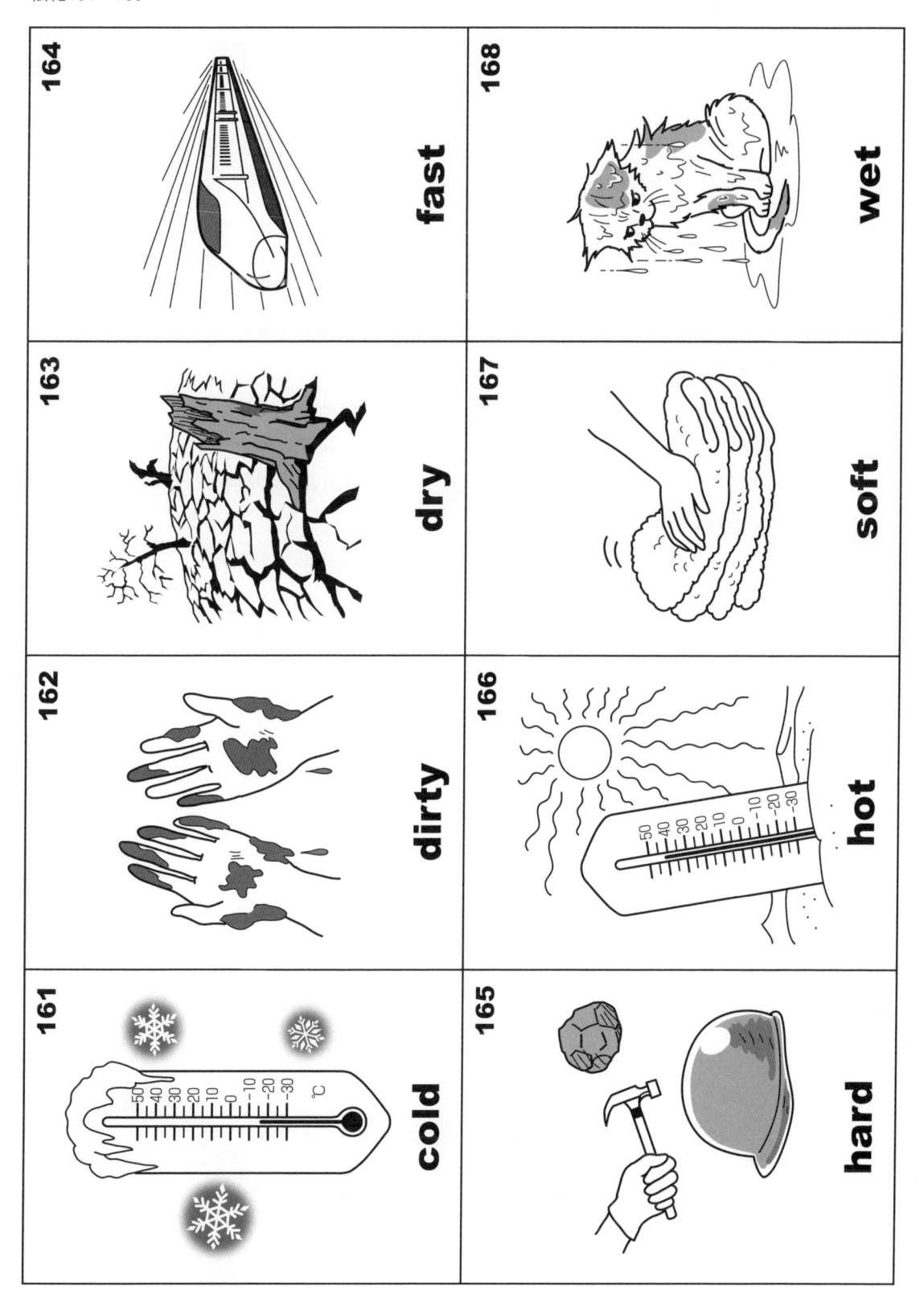

絵札161〜168

164 fast	168 wet
163 dry	167 soft
162 dirty	166 hot
161 cold	165 hard

Chapter 3 コピーしてすぐ使える！「生活語彙」カルタ集 79

3.6 読札

（1）読札の英語

　読札のヒント文は主に"I"を主語としています。そのため，"I'm a vegetable." "I'm long." "I'm orange." 等，生活の中では実際には使わないような表現もあります。本書でヒント文の主語を"I"としているのには理由があります。

　まず，子どもたちがヒント文の内容を自分のことのようにとらえ，親しみやすく，理解・表現しやすくなります。また，『Hi, friends!』で扱われている英文が主に一人称と二人称に限られていることとも合致しています。そして子どもたちも，外国語活動を担当する学級担任も，日本人が苦手とする動詞の三人称単数のsを心配することなく，カルタを使った遊びや表現活動に取り組むことができます。さらに三人称を使わないことにより，三人称を習っていない中学校入門期の表現活動にも，小・中の接続にも本書の読札を利用できます。

　こうした一人称を使ったなぞなぞゲームは「What am I?」とか「なりきりゲーム」と呼ばれ，以前から中学校の英語授業で取り入れられていました。

（2）デザインカード

　102ページにトランプの裏面のように使えるデザインカードを付けました。普通紙に絵札や読札をコピーすると，イラストや文字が透けて活動に支障をきたすことがあります。透けないようにするには，デザインカードを裏面に印刷してから，絵札と読札を印刷するとよいでしょう。

読札 1～8

1 apple リンゴ
- I'm a fruit. 私は果物です。
- I'm red or green. 私は赤色や緑色です。
- I'm round. 私は丸いです。
- I'm in a pie. 私はパイの中にいます。
- You make jam from me. あなたは私からジャムを作ります。

2 bread パン
- I'm a food. 私は食べ物です。
- I'm soft. 私はやわらかいです。
- I'm at a bakery. 私はパン屋にいます。
- Butter and jam are on me. 私の上にはバターとジャムがあります。
- You put me in a toaster. あなたは私をトースターに入れます。

3 carrot ニンジン
- I'm a vegetable. 私は野菜です。
- I'm orange. 私はオレンジ色です。
- I'm long. 私は長いです。
- I'm hard. 私はかたいです。
- Rabbits eat me. ウサギは私を食べます。

4 banana バナナ
- I'm a fruit. 私は果物です。
- I'm yellow. 私は黄色です。
- I'm long. 私は長いです。
- I'm tropical. 私は熱帯のものです。
- Monkeys like me. サルは私が好きです。

5 cucumber キュウリ
- I'm a vegetable. 私は野菜です。
- I'm green. 私は緑色です。
- I'm long. 私は長いです。
- I'm in a salad. 私はサラダの中にいます。
- I have many small seeds. 私にはたくさんの小さな種があります。

6 green pepper ピーマン
- I'm a vegetable. 私は野菜です。
- I'm green. 私は緑色です。
- I'm like a bell. 私はベルのようです。
- I have many small seeds. 私にはたくさんの小さな種があります。
- Some children don't like me. 私を嫌いな子もいます。

7 hamburger ハンバーガー
- I'm a food. 私は食べ物です。
- I'm round. 私は丸いです。
- My meat is beef. 私の肉は牛肉です。
- Children like me. 子どもたちは私が好きです。
- I'm famous at McDonald's. 私はマクドナルドで有名です。

8 noodles めん
- I'm a food. 私は食べ物です。
- I'm long. 私は長いです。
- I'm thin. 私は細いです。
- I'm like a string. 私はひものようです。
- I'm ramen, udon and pasta. 私はラーメンやうどんやパスタです。

Chapter 3　コピーしてすぐ使える!「生活語彙」カルタ集

読札 9〜16

orange オレンジ	9 peach モモ	10 pineapple パイナップル	11 pizza ピザ
I'm a fruit. 私は果物です。	I'm a fruit. 私は果物です。	I'm a fruit. 私は果物です。	I'm a food. 私は食べ物です。
I'm round. 私は丸いです。	I'm pink. 私はピンク色です。	I'm yellow inside. 私は内側が黄色です。	I'm round. 私は丸いです。
I'm juicy. 私は水分が多いです。	I'm round. 私は丸いです。	I'm brown outside. 私は外側が茶色です。	I'm hot. 私は熱いです。
I'm sour and sweet. 私はすっぱくて甘いです。	I smell good. 私はいい香りがします。	I wear a green "hat." 私は緑色の帽子をかぶっています。	I'm flat. 私は平たいです。
You make juice from me. あなたは私からジュースを作ります。	I have a big seed. 私には大きな種があります。	I'm from Hawaii. 私はハワイから来ました。	I have cheese. 私にはチーズがのっています。

potato ジャガイモ	13 pumpkin カボチャ	14 rice ご飯, 米	15 salad サラダ	16
I'm a vegetable. 私は野菜です。	I'm a vegetable. 私は野菜です。	I'm a food. 私は食べ物です。	I'm a food. 私は食べ物です。	
I'm brown outside. 私は外側が茶色です。	I'm round. 私は丸いです。	I'm white. 私は白いです。	I'm cold. 私は冷たいです。	
I'm white inside. 私は内側が白いです。	I'm fat. 私は太っています。	I'm sticky. 私は粘り気があります。	I have lettuce, cucumber and tomato. 私にはレタス、キュウリ、トマトがあります。	
I'm bumpy. 私はでこぼこです。	I'm bumpy. 私はでこぼこしています。	I'm in a bowl. 私は茶碗の中にいます。	I'm healthy to eat. 私は食べると健康にいいです。	
You make chips from me. あなたは私からチップスを作ります。	You see me on Halloween. あなたは私をハロウィーンで見ます。	You boil me in water. あなたは私を水で炊きます。	You put dressing on me. あなたは私にドレッシングをかけます。	

82

読札17〜24

17 sandwich サンドイッチ	18 soup スープ	19 spaghetti スパゲッティ	20 strawberry イチゴ	21 tomato トマト	22 cap（ふちなしの）帽子	23 glasses めがね	24 gloves 手袋
I'm a food. 私は食べ物です。	I'm a food. 私は食べ物です。	I'm a food. 私は食べ物です。	I'm a fruit. 私は果物です。	I'm a vegetable. 私は野菜です。	You wear me. あなたは私を身につけています。	You wear me. あなたは私を身につけています。	You wear me. あなたは私を身につけています。
I'm made with bread. 私はパンでできています。	I'm usually hot. 私はたいてい温かいです。	I'm long. 私は長いです。	I'm red. 私は赤色です。	I'm red. 私は赤色です。	I'm soft. 私はやわらかいです。	I'm on your face. 私はあなたの顔の上にあります。	I'm warm. 私は暖かいです。
I'm popular at picnics. 私はピクニックで人気があります。	I'm in a bowl. 私はボウルの中にあります。	I'm thin. 私は細いです。	I'm small. 私は小さいです。	I'm round. 私は丸いです。	I'm round. 私は丸いです。	I have two lenses. 私には2つのレンズがあります。	You use me in winter. あなたは私を冬に使います。
I have cheese and mayonnaise. 私にはチーズとマヨネーズがあります。	You eat me with a spoon. あなたは私をスプーンで食べます。	You eat me with a fork. あなたは私をフォークで食べます。	I'm on top of cakes. 私はケーキの上にのっています。	I'm soft. 私はやわらかいです。	I'm on your head. 私はあなたの頭の上にあります。	I cover your eyes. 私はあなたの目をおおいます。	I come in a pair. 私は2つで一組です。
Tuna is popular. ツナは人気があります。	I'm miso, corn or consommé. 私は味噌、コーン、コンソメです。	I have noodles and sauce. 私にはめんとソースがあります。	You make jam from me. あなたは私からジャムを作ります。	You make ketchup from me. あなたは私からケチャップを作ります。	Baseball players wear me. 野球選手は私を身につけています。	You can see well with me. あなたは私を使うとよく見えます。	I cover your hands. 私はあなたの手をおおいます。

読札25〜32

25 hat (ふちありの) 帽子	26 pajamas パジャマ	27 pants ズボン	28 shoes くつ
You wear me. あなたは私を身につけています。	You wear me. あなたは私を身につけています。	You wear me. あなたは私を身につけています。	You wear me. あなたは私を身につけています。
I'm round. 私は丸いです。	I'm soft. 私はやわらかいです。	I have a zipper in front. 私は前にチャックがあります。	I come in a pair. 私は2つで一組です。
I cover your head. 私はあなたの頭をおおいます。	I have a top and pants. 私には上着とズボンがあります。	I cover your legs. 私はあなたの足をおおいます。	I'm made of leather or cloth. 私は革や布でできています。
School children wear me. 生徒たちは私を身につけています。	You wear me at night. 夜、あなたは私を身につけています。	I have two legs. 私には2本の足があります。	I'm on your feet. 私はあなたの足元にあります。
Cowboys wear me. カウボーイは私を身につけています。	You wear me in bed. あなたは私をベッドの中で身につけています。	Blue jeans are one type. ブルージーンズは私のひとつのタイプです。	You take me off in a house. 家の中ではあなたは私を脱ぎます。

29 socks くつ下	30 sweater セーター	31 umbrella カサ	32 bed ベッド
You wear me. あなたは私を身につけています。	You wear me. あなたは私を身につけています。	You use me outside. あなたは私を外で使います。	I'm in the bedroom. 私は寝室にあります。
I'm warm. 私は暖かいです。	I'm warm. 私は暖かいです。	I open and close. 私は開いたり閉じたりします。	I'm comfortable. 私は心地いいです。
I come in a pair. 私は2つで一組です。	You wear me in winter. あなたは私を冬に身につけています。	I'm round when I'm open. 私は開くと丸いです。	I'm a single, twin or double. 私はシングル、ツイン、ダブルです。
I'm made of cotton or nylon. 私は木綿やナイロンでできています。	I'm made of wool. 私は毛糸でできています。	I keep you dry. 私はあなたをぬれないようにします。	You sleep on me. あなたは私の上で寝ます。
I cover your feet. 私はあなたの足元をおおいます。	I have two long arms. 私には2本の長い腕があります。	You need me on a rainy day. あなたは私を雨の日に必要があります。	I have blankets on me. 私の上には毛布があります。

読札33〜40

33 blanket 毛布
- I'm in the bedroom. 私は寝室にあります。
- I'm warm. 私は暖かいです。
- I'm comfortable. 私は心地よいです。
- You use me at night. 夜、あなたは私を使います。
- You put me on your bed. あなたは私をベッドの上に置きます。

34 box 箱
- I'm a container. 私は入れ物です。
- I'm usually square. 私はたいてい四角いです。
- Some are big and some are small. 大きいのや小さいのがあります。
- You put things in me. あなたは私に物を入れます。
- I have four sides, a top and a bottom. 私には4つの側面、フタ、底があります。

35 broom ホウキ
- I'm at home and at school. 私は家や学校にあります。
- I have a long handle. 私には長い握る柄があります。
- I have a straw brush. 私にはワラのブラシがあります。
- I make the floor clean. 私は床をきれいにします。
- You sweep with me. あなたは私で掃き掃除をします。

36 brush ブラシ
- I'm in the bathroom. 私は洗面所にあります。
- You use me for your hair. あなたは髪の毛に私を使います。
- I have a handle. 私には握る柄があります。
- I make your hair tidy. 私はあなたの髪を整えます。
- A comb is my best friend. くしは私の親友です。

37 clock 時計
- I'm at home and at school. 私は家や学校にあります。
- I have hands. 私には手があります。
- I have a face. 私には顔があります。
- I wake you up. 私はあなたを起こします。
- I tell time. 私は時間を教えます。

38 cup カップ
- I'm in the kitchen. 私は台所にあります。
- I'm small and round. 私は小さくて丸いです。
- I have a handle. 私には握る柄があります。
- I break easily. 私は壊れやすいです。
- You drink tea from me. あなたは私から紅茶を飲みます。

39 comb くし
- I'm in the bathroom. 私は洗面所にあります。
- I'm small. 私は小さいです。
- I have many teeth. 私にはたくさんの歯があります。
- You use me for your hair. あなたは髪の毛に私を使います。
- A brush is my best friend. ブラシは私の親友です。

40 flashlight 懐中電灯
- I'm at home. 私は家にあります。
- I'm a light. 私はあかりです。
- You use me in the dark. あなたは暗やみで私を使います。
- I need batteries. 私には電池が必要です。
- Take me to a camp. 私をキャンプに連れて行って。

Chapter 3　コピーしてすぐ使える！「生活語彙」カルタ集

読札41〜48

fork フォーク 41	glass コップ,グラス 42	knife ナイフ 43	mirror 鏡 44
I'm in the kitchen. 私は台所にあります。	I'm in the kitchen. 私は台所にあります。	I'm in the kitchen. 私は台所にあります。	I'm in the bathroom. 私は洗面所にあります。
I'm shiny. 私は光っています。	I'm clear. 私は透きとおっています。	I'm shiny. 私は光っています。	I'm shiny. 私は光っています。
You use me to eat. あなたは食べるのに私を使います。	I break easily. 私は壊れやすいです。	I'm sharp. 私はよく切れます。	I break easily. 私は壊れやすいです。
You eat spaghetti with me. あなたは私を使ってスパゲッティを食べます。	You drink water from me. あなたは私から水を飲みます。	You cut food with me. あなたは私で食べ物を切ります。	You look into me. あなたは私をのぞきます。
My best friend is a spoon. スプーンは私の親友です。	I don't have a handle. 私には握る柄がありません。	I'm often with a fork. 私はたいていフォークと一緒です。	You see yourself in me. あなたは私の中に自分を見ます。

needle 針 45	oven オーブン 46	pillow 枕 47	refrigerator 冷蔵庫 48
I'm at home. 私は家にあります。	I'm in the kitchen. 私は台所にあります。	I'm in the bedroom. 私は寝室にあります。	I'm in the kitchen. 私は台所にあります。
I'm shiny. 私は光っています。	I'm a large box. 私は大きな箱です。	I'm soft. 私はやわらかいです。	I'm big. 私は大きいです。
I'm thin. 私は細いです。	I have a door. 私にはドアがあります。	You sleep with me. あなたは私と一緒に寝ます。	I'm a box. 私は箱です。
I have an eye. 私には目がひとつあります。	I'm very hot inside. 私は内側がとても熱いです。	Don't fight with me! 私でけんかをしないで！	I'm cold inside. 私は内側が冷たいです。
You sew with me. あなたは私で縫います。	You cook with me. あなたは私で料理をします。	My best friend is a blanket. 私の親友は毛布です。	I keep food cold. 私は食品を冷やしておきます。

86

読札49〜56

	49 rug しきもの	50 soap 石けん	51 sofa ソファ	52 spoon スプーン
	I'm at home. 私は家にあります。	I'm in the bathroom. 私は浴室にあります。	I'm in the living room. 私はリビングルームにあります。	I'm in the kitchen. 私は台所にあります。
	I'm flat. 私は平たいです。	I make bubbles. 私は泡を作ります。	I'm long. 私は長いです。	I'm shiny. 私は光っています。
	I'm soft. 私はやわらかいです。	You use me with water. あなたは私を水と一緒に使います。	I'm comfortable. 私は心地いいです。	You eat ice cream with me. あなたは私でアイスクリームを食べます。
	I keep your feet warm. 私はあなたの足を暖かくしておきます。	I clean your body. 私はあなたの体をきれいにします。	I have a seat, back and arms. 私には座る所、背もたれ、ひじ掛けがあります。	You eat soup with me. あなたは私でスープを飲みます。
	I cover the floor. 私は床をおおいます。	I clean your hands. 私はあなたの手をきれいにします。	You sit on me. あなたは私に座ります。	I'm often next to a fork. 私はよくフォークの隣にいます。

	53 stove 料理用コンロ	54 table テーブル	55 telephone 電話	56 toothbrush 歯ブラシ
	I'm in the kitchen. 私は台所にあります。	I'm in the dining room. 私はダイニングルームにあります。	I'm at home. 私は家にあります。	I'm in the bathroom. 私は洗面所にあります。
	I'm square. 私は四角いです。	I'm round or square. 私は丸いか四角いです。	I ring. 私は鳴ります。	I have a long handle. 私には長く握る柄があります。
	I use gas or electricity. 私はガスや電気を使います。	I have four legs. 私には4本の脚があります。	I have numbers on me. 私には数字があります。	I clean your teeth. 私はあなたの歯をきれいにします。
	You put a pot and pan on me. あなたは私に鍋やフライパンを置きます。	I have a flat top. 私は上部が平らです。	You speak into me. あなたは私に話します。	You use me before you go to bed. あなたは寝る前に私を使います。
	You cook food on me. あなたは私の上で食べ物を料理します。	You eat meals on me. あなたは私の上で食事をします。	You talk to your friends with me. あなたは私を使って友だちと話します。	My best friend is toothpaste. 私の親友は練り歯磨きです。

読札57〜64

57 towel タオル

I'm in the bathroom.	私は浴室にあります。
I'm rectangle.	私は長方形です。
I'm soft.	私はやわらかいです。
I'm made from cloth.	私は布でできています。
I dry your hands.	私はあなたの手をかわかします。

58 book 本

You use me at school.	あなたは学校で私を使います。
You open and close me.	あなたは私を開いたり閉じたりします。
You learn from me.	あなたは私から学びます。
I have pages.	私にはページがあります。
You read me.	あなたは私を読みます。

59 chair いす

I'm at home and at school.	私は家や学校にあります。
I have four legs.	私には4本の脚があります。
I have a seat.	私には座る部分があります。
You sit on me.	あなたは私に座ります。
Desks and tables are my friends.	机とテーブルは私の友だちです。

60 desk 机

I'm at home and at school.	私は家や学校にあります。
I have a flat top.	私には平らな上部があります。
I have four legs.	私には4本の脚があります。
You study on me.	あなたは私の上で勉強します。
My best friend is a chair.	私の親友は椅子です。

61 eraser 消しゴム

You use me at school.	あなたは学校で私を使います。
I'm usually white.	私はたいてい白いです。
I'm usually rectangle.	私はたいてい長方形です。
You use me on a mistake.	あなたは間違いに私を使います。
I'm in your pencil case.	私はあなたの筆箱の中にいます。

62 glue ノリ

I'm at home and at school.	私は家や学校にあります。
I'm usually white.	私はたいてい白いです。
I'm sticky.	私はべたべたしています。
I'm in a bottle or a tube.	私はボトルかチューブに入っています。
I hold two things together.	私は2つの物をくっつけます。

63 notebook ノート

You use me at school.	あなたは学校で私を使います。
I'm in your school bag.	私はあなたの学校のカバンの中にいます。
You open and close me.	あなたは私を開いたり閉じたりします。
I'm made of paper.	私は紙でできています。
You write in me.	あなたは私の中に書きます。

64 pencil 鉛筆

You use me at school.	あなたは学校で私を使います。
I'm thin.	私は細いです。
I'm in your pencil case.	私はあなたの筆箱の中にいます。
You write with me.	あなたは私を使って字を書きます。
My best friend is an eraser.	私の親友は消しゴムです。

読札65～72

65 scissors ハサミ	66 student 生徒	67 teacher 先生	68 bridge 橋
I'm at home and at school.	I'm at school.	I'm at school.	I'm a place.
私は家や学校にあります。	私は学校にいます。	私は学校にいます。	私は場所です。
I'm sharp.	I'm a person.	I'm a person.	I'm big and strong.
私はよく切れます。	私は人です。	私は人です。	私は大きくて強いです。
I'm made of metal.	I'm young.	I like students.	Cars and trains cross me.
私は金属でできています。	私は若いです。	私は生徒が好きです。	自動車や列車が私を渡ります。
I cut paper.	I learn from teachers.	I write on the board.	I'm over a river.
私は紙を切ります。	私は先生から学びます。	私は板書します。	私は川の上にあります。
Use me carefully!	I study.	I help students learn.	The Seto Ohashi is a famous one.
私を注意深く使ってください！	私は勉強します。	私は生徒が学ぶのを助けます。	瀬戸大橋が有名です。

69 farm 農場	70 playground 運動場	71 school 学校	72 store お店
I'm a place.	I'm a place.	I'm a place.	I'm a place.
私は場所です。	私は場所です。	私は場所です。	私は場所です。
Food grows here.	I'm at school.	I have teachers.	I open and close.
食物がここで育ちます。	私は学校にあります。	私には先生がいます。	私は開いたり閉まったりします。
Cows and horses live here.	I'm in a park.	I have students.	You buy things here.
牛や馬がここに住んでいます。	私は公園にあります。	私には生徒がいます。	あなたはここで物を買います。
Vegetables and fruits grow here.	Children play here.	I have classrooms.	People sell things here.
野菜や果物がここで育ちます。	子どもたちがここで遊びます。	私には教室があります。	人々はここで物を売ります。
Farmers work here.	You play baseball and soccer here.	You study here.	I'm a large shop.
農家の人はここで働きます。	あなたは野球やサッカーをここでします。	あなたはここで勉強します。	私は大きなショップです。

読札73～80

73	zoo 動物園	I'm a place.	私は場所です。
		Children like me.	子どもたちは私が好きです。
		Many animals live here.	たくさんの動物がここに住んでいます。
		You see lions and elephants here.	あなたはここでライオンやゾウを見ます。
		Ueno and Asahiyama are famous ones.	上野と旭山が有名です。
74	airplane 飛行機	I'm in the sky.	私は空にいます。
		I have wings.	私には翼があります。
		I fly very fast.	私はとても速く飛びます。
		I'm made of metal.	私は金属でできています。
		I'm at the airport.	私は空港にいます。
75	bicycle 自転車	You ride me.	あなたは私に乗ります。
		I have a seat.	私には座るところがあります。
		I have two wheels.	私には2つの車輪があります。
		I have handlebars.	私にはハンドルがあります。
		I have two pedals.	私には2つのペダルがあります。
76	car 自動車	You ride in me.	あなたは私に乗ります。
		I have four wheels.	私には4つの車輪があります。
		I have an engine.	私にはエンジンがあります。
		I'm in a garage.	私は車庫にいます。
		You wear a seatbelt in me.	あなたは私の中でシートベルトをします。
77	rocket ロケット	I travel in space.	私は宇宙を旅します。
		I have an engine.	私にはエンジンがあります。
		I look like a big tube.	私は大きいチューブのように見えます。
		I can go to the moon.	私は月に行くことができます。
		Astronauts ride in me.	宇宙飛行士が私に乗ります。
78	ship 船	I'm on the ocean.	私は海の上にいます。
		I'm very big.	私はとても大きいです。
		I carry people or things.	私は人や物を運びます。
		I'm in a port.	私は港にいます。
		Pirates ride on me.	海賊は私に乗ります。
79	train 列車	You ride on me.	あなたは私に乗ります。
		I have many cars.	私にはたくさんの車両があります。
		I run on rails.	私は線路の上を走ります。
		I stop at stations.	私は駅で止まります。
		I say "choo-choo."	私は「シュッシュッ」と言います。
80	aunt おば	I'm a family member.	私は家族の1人です。
		I'm a woman.	私は女性です。
		I'm your mother's sister.	私はあなたのお母さんの姉妹です。
		I'm your father's sister.	私はあなたのお父さんの姉妹です。
		I'm married to your uncle.	私はあなたのおじさんと結婚しています。

読札81～88

81	boy 少年	I'm a family member. / 私は家族の1人です。 / I'm a boy. / 私は少年です。 / I'm your father's son. / 私はあなたのお父さんの息子です。 / You can have a big one. / あなたは年上の私を持てます。 / You can have a little one. / あなたは年下の私を持てます。
82	father 父	I'm a family member. / 私は家族の1人です。 / I'm a man. / 私は男性です。 / I work for the family. / 私は家族のために働きます。 / You call me papa. / あなたは私をパパと呼びます。 / I'm your mother's husband. / 私はあなたのお母さんの夫です。
83	girl 少女	I'm a child. / 私は子どもです。 / I grow into a woman. / 私は成長して女性になります。 / I'm not a boy. / 私は少年ではありません。 / I'm young. / 私は若いです。 / March 3rd is my day. / 3月3日は私の日です。
84		
85	grandfather 祖父	I'm a family member. / 私は家族の1人です。 / I'm a man. / 私は男性です。 / I'm old. / 私は年をとっています。 / I have gray hair. / 私には白髪があります。 / I know a lot. / 私はいろいろなことを知っています。 / I'm married to your grandmother. / 私はあなたのおばあさんと結婚しています。
86	grandmother 祖母	I'm a family member. / 私は家族の1人です。 / I'm a woman. / 私は女性です。 / I'm old. / 私は年をとっています。 / I have gray hair. / 私には白髪があります。 / I know a lot. / 私はいろいろなことを知っています。 / I'm married to your grandfather. / 私はあなたのおじいさんと結婚しています。
87	sister 姉、妹	I'm a family member. / 私は家族の1人です。 / I'm a girl. / 私は少女です。 / I'm your mother's daughter. / 私はあなたのお母さんの娘です。 / You can have a big one. / あなたは年上の私を持てます。 / You can have a little one. / あなたは年下の私を持てます。
88	mother 母	I'm a family member. / 私は家族の1人です。 / I'm a woman. / 私は女性です。 / I work for the family. / 私は家族のために働きます。 / You call me mama. / あなたは私をママと呼びます。 / I'm your father's wife. / 私はあなたのお父さんの妻です。

Note: Card 84 entry (between 83 and 85) — brother 兄、弟: I'm a family member. / 私は家族の1人です。 / I'm a boy. / 私は少年です。 / I'm not a girl. / 私は少女ではありません。 / I'm young. / 私は若いです。 / May 5th is my day. / 5月5日は私の日です。

読札89～96

89 ear 耳	90 eye 目	91 face 顔	92
I'm part of your body. 私はあなたの体の一部です。	I'm part of your body. 私はあなたの体の一部です。	I'm part of your body. 私はあなたの体の一部です。	
I'm on your head. 私はあなたの頭にあります。	I'm part of your face. 私はあなたの顔の一部です。	I'm on your head. 私はあなたの頭にあります。	
You have two of me. あなたは私を2つ持っています。	You have two of me. あなたは私を2つ持っています。	I have eyes. 私には目があります。	
I hold your glasses up. 私はあなたのメガネを支えます。	I open and close. 私は開いたり閉じたりします。	I have a nose. 私には鼻があります。	
You hear sounds with me. あなたは私で音を聞きます。	You see things with me. あなたは私で物を見ます。	You see me in a mirror. あなたは鏡で私を見ます。	

uncle おじ			
I'm a family member. 私は家族の1人です。			
I'm a man. 私は男性です。			
I'm your father's brother. 私はあなたのお父さんの兄弟です。			
I'm your mother's brother. 私はあなたのお母さんの兄弟です。			
I'm your aunt's husband. 私はあなたのおばさんの夫です。			

93 hair 髪の毛	94 hand 手	95 head 頭	96
I'm part of your body. 私はあなたの体の一部です。	I'm part of your body. 私はあなたの体の一部です。	I'm part of your body. 私はあなたの体の一部です。	
I'm on your head. 私はあなたの頭にあります。	You have two of me. あなたは私を2つ持っています。	I sit on your neck. 私はあなたの首の上にあります。	
I'm thin. 私は細いです。	You wave me. あなたは私を振ります。	I'm round. 私は丸いです。	
I'm short or long. 私は短かったり、長かったりします。	You clap me. あなたは私をたたきます。	You put me on your pillow. あなたは私を枕にのせます。	
You brush me. あなたは私をブラシでとかします。	You have fingers on me. あなたは私に指を持っています。	You wear a hat on me. あなたは私の上に帽子をかぶります。	

finger （親指以外の手の）指			
I'm part of your body. 私はあなたの体の一部です。			
I'm long. 私は長いです。			
There are eight of me. あなたは私を8本持っています。			
I'm part of your hand. 私はあなたの手の一部です。			
You wear a ring on me. あなたは私に指輪をはめます。			

読札97～104

97 mouth 口	98 nose 鼻	99 tooth 歯	100 ant アリ
I'm part of your body. 私はあなたの体の一部です。	I'm part of your body. 私はあなたの体の一部です。	I'm part of your body. 私はあなたの体の一部です。	I'm a bug. 私は昆虫です。
I'm on your face. 私はあなたの顔にあります。	I'm on your face. 私はあなたの顔にあります。	I'm in your mouth. 私はあなたの口の中にいます。	I'm very small. 私はとても小さいです。
You smile with me. あなたは私で微笑みます。	You use me to smell. あなたは私を使って匂いを嗅ぎます。	I'm white. 私は白いです。	I live in a big group. 私は大きな集団で生活しています。
I have teeth in me. 私の中には歯があります。	You blow me. あなたは私をチンとかみます。	You brush me. あなたは私をブラシで磨きます。	I have a queen. 私には女王がいます。
You use me to eat. あなたは食べるのに私を使います。	An elephant has a very long one. ゾウはとても長い鼻を持っています。	You bite with me. あなたは私で噛みます。	I make tunnels. 私はトンネルを作ります。

101 butterfly チョウ	102 cat ネコ	103 caterpillar アオムシ	104 cow ウシ
I'm a bug. 私は昆虫です。	I'm a pet. 私はペットです。	I'm a bug. 私は昆虫です。	I live on a farm. 私は農場に住んでいます。
I have wings. 私には羽があります。	I like fish. 私は魚が好きです。	I'm long. 私は長いです。	I'm big. 私は大きいです。
My wings are beautiful. 私の羽はきれいです。	Mice don't like me. ネズミは私を好きではありません。	I eat leaves. 私は葉を食べます。	You eat me. あなたは私を食べます。
I love flowers. 私は花が大好きです。	I say "meow." 私は「ニャー」と鳴きます。	I have many legs. 私にはたくさんの足があります。	I give milk. 私はミルクを出します。
You catch me with a net. あなたは網で私をつかまえます。	Draemon is a famous one. ドラえもんが有名です。	I grow into a butterfly. 私は成長してチョウになります。	I say "moo." 私は「モー」と鳴きます。

読札105〜112

105 dog イヌ	106 elephant ゾウ	107 lion ライオン	108 monkey サル
I'm a pet. 私はペットです。	I'm in the zoo. 私は動物園にいます。	I'm in the zoo. 私は動物園にいます。	I'm in the zoo. 私は動物園にいます。
I like to run. 私は走るのが好きです。	I'm very big. 私はとても大きいです。	I'm strong. 私は強いです。	I'm brown. 私は茶色です。
I guard your house. 私はあなたの家を守ります。	I'm gray. 私は灰色です。	I can run fast. 私は速く走れます。	I have long arms. 私は長い腕を持っています。
You take me on walks. あなたは私を散歩に連れて行きます。	I have big ears. 私には大きな耳があります。	I'm a big cat. 私は大きなネコです。	I can climb trees. 私は木に登れます。
I say "bow wow." 私は「ワンワン」と鳴きます。	Dumbo is a famous one. ダンボが有名です。	I'm the king of the jungle. 私はジャングルの王です。	I like bananas. 私はバナナが好きです。

109 penguin ペンギン	110 polar bear ホッキョクグマ	111 rooster オンドリ	112 tiger トラ
I'm in the zoo. 私は動物園にいます。	I'm in the zoo. 私は動物園にいます。	I'm a bird. 私は鳥です。	I'm in the zoo. 私は動物園にいます。
I can swim. 私は泳げます。	I'm very big. 私はとても大きいです。	I live on a farm. 私は農場に住んでいます。	I'm a big cat. 私は大きなネコです。
I can't fly. 私は飛べません。	I'm white. 私は白色です。	I can't fly well. 私はうまく飛べません。	I'm yellow and black. 私は黄色と黒色です。
I live on the ice. 私は氷の上に住んでいます。	I can swim. 私は泳げます。	You eat me. あなたは私を食べます。	I have stripes. 私にはしま模様があります。
I'm black and white. 私は黒色と白色です。	I live on the ice. 私は氷の上に住んでいます。	I say "cock-a-doodle-do." 私は「コケコッコー」と鳴きます。	I'm a famous baseball team. 私は有名な野球チームです。

読札113～120

113 moon 月	114 sky 空	115 star 星	116
I'm in the sky.	I'm over your head.	I'm in the sky.	
私は空にあります。	私はあなたの頭の上にあります。	私は空にあります。	
I'm yellow.	I'm blue.	I'm in space.	
私は黄色いです。	私は青いです。	私は宇宙にあります。	
You can see me at night.	You can see the sun in me.	You can see me at night.	
あなたは私を夜に見られます。	あなたは私の中に太陽を見られます。	あなたは私を夜に見られます。	
My shape changes.	You can see stars in me.	I twinkle.	
私の形は変化します。	あなたは私の中に星を見られます。	私はキラキラ光ります。	
Astronauts visited me.	Rain drops from me.	The moon is my friend.	
宇宙飛行士が私を訪れました。	雨は私から落ちます。	月は私の友だちです。	

flower 花			
I'm in the garden.			
私は庭にあります。			
I'm beautiful.			
私はきれいです。			
I smell good.			
私はいい香りがします。			
Butterflies like me.			
チョウは私が好きです。			
I'm a rose, daisy or lily.			
私はバラ、デイジー、ユリです。			

117 sun 太陽	118 tree 木	119 wind 風	120 piano ピアノ
I'm in the sky.	I'm in a park.	You can't see me.	I'm in your school.
私は空にあります。	私は公園にあります。	あなたは私を見ることはできません。	私は学校にあります。
I shine.	I'm tall.	I blow.	I'm big and heavy.
私は輝きます。	私は背が高いです。	私は吹きます。	私は大きくて重いです。
I'm very, very big.	I have leaves.	I'm very cold in winter.	I'm black and white.
私はとてもとても大きいです。	私には葉っぱがあります。	私は冬にはとても冷たいです。	私は黒色と白色です。
You can't see me at night.	I have branches.	I'm cool in summer.	You use me in music class.
夜、あなたは私を見ることができません。	私には枝があります。	私は夏には涼しいです。	あなたは音楽の時間に私を使います。
The earth goes around me.	Children climb me.	I'm very strong in typhoons.	I have a keyboard.
地球は私の周りを回ります。	子どもは私に登ります。	台風のときは、私はとても強いです。	私には鍵盤があります。

読札121〜128

121 recorder リコーダー、たて笛	122 sandbox 砂場	123 slide すべり台	124 swing ぶらんこ
You use me at school. あなたは学校で私を使います。	I'm in the park. 私は公園にあります。	I'm in the park. 私は公園にあります。	I'm in the park. 私は公園にあります。
I'm a musical instrument. 私は楽器です。	I'm square. 私は四角形です。	Children like me. 子どもは私を好きです。	Children like me. 子どもは私を好きです。
I'm long. 私は長いです。	Children play in me. 子どもは私の中で遊びます。	I have steps. 私には階段があります。	I have a seat. 私には座るところがあります。
I have holes. 私には穴があります。	I'm full of sand. 私は砂でいっぱいです。	You climb me. あなたは私に登ります。	I move back and forth. 私は前後に動きます。
You blow into me. あなたは私に息を吹き込みます。	Children build castles in me. 子どもは私の中でお城を作ります。	I have a long slope. 私には長いスロープがあります。	I hang from two chains. 私は2本の鎖でぶら下がっています。

125 castle お城	126 monster 怪物	127 king 王	128 queen 女王
I'm a building. 私は建物です。	I'm not real. 私は本当のものではありません。	I'm a man. 私は男性です。	I'm a woman. 私は女性です。
I'm on a high hill. 私は高い丘の上にあります。	I'm large. 私は大きいです。	I'm an important person. 私は重要な人物です。	I'm an important person. 私は重要な人物です。
I have towers. 私には塔があります。	I'm ugly. 私は醜いです。	I live in a castle. 私はお城に住んでいます。	I live in a castle. 私はお城に住んでいます。
A king lives in me. 私には王が住んでいます。	I'm scary. 私は怖いです。	I have a royal family. 私は王室を持っています。	My husband is a king. 私の夫は王です。
A queen lives in me. 私には女王が住んでいます。	Frankenstein is a famous one. フランケンシュタインが有名です。	My wife is a queen. 私の妻は女王です。	Elizabeth is a famous one. エリザベスが有名です。

読札129〜136

catch 〜をとらえる, つかまえる 129	close 〜を閉じる, 閉める 130	cook 〜を料理する 131	cut 〜を切る 132
I catch a ball. 私はボールをとります。	Close the door. ドアを閉めて。	I cook dinner. 私は夕食を料理します。	I cut the paper. 私は紙を切ります。
I catch a fish. 私は魚をとります。	Close your books. 本を閉じて。	I cook a meal. 私は食事を料理します。	Cut here. ここを切って。
I catch a butterfly. 私はチョウをとります。	Close your eyes. 目を閉じて。	I cook spaghetti. 私はスパゲッティを料理します。	Can you cut this? あなたはこれを切れますか?
Catch me! 私をつかまえて!	Close the window. 窓を閉めて。	I cook food. 私は食べ物を料理します。	Cut a tomato. トマトを切って。
Don't catch a cold. 風邪を引かないで。	Close your hand. 手を結んで。	I cook rice. 私はご飯を炊きます。	Cut along the line. 線に沿って切って。

drink 〜を飲む 133	eat 〜を食べる 134	go 行く 135	help 〜を助ける, 手伝う 136
I drink water. 私は水を飲みます。	I eat cakes. 私はケーキを食べます。	I go to school. 私は学校に行きます。	Help me! 助けて!
I drink milk. 私はミルクを飲みます。	I eat breakfast. 私は朝食を食べます。	I go to the park. 私は公園に行きます。	I help my mother. 私は母を手伝います。
I drink tea. 私はお茶を飲みます。	I eat lunch. 私は昼食を食べます。	I go to bed. 私は寝ます。	Help the others. 他の人を手伝って。
I drink coffee. 私はコーヒーを飲みます。	I eat dessert. 私はデザートを食べます。	Let's go home. 家に帰りましょう。	Help each other. お互いに助け合って。
I drink orange juice. 私はオレンジジュースを飲みます。	I eat fruit. 私はフルーツを食べます。	I go shopping. 私は買い物に行きます。	I help people. 私は人を助けます。

Chapter 3 コピーしてすぐ使える!「生活語彙」カルタ集

読札137〜144

hide ~を隠す、隠れる 137	hold ~を持っている、つかんでいる 138	like ~を好む、気に入る 139	look ~を見る 140
I play hide-and-seek. 私はかくれんぼをします。	Hold hands. 手をつないでください。	I like ice cream. 私はアイスクリームが好きです。	Look at this. これを見て。
Hide your face. 顔を隠してください。	Hold your cards. カードを手に持ってください。	I like dogs very much. 私は犬がとても好きです。	Look at me. 私を見て。
Hide your cards. あなたのカードを隠してください。	Hold this. これを手に持って。	I like soccer. 私はサッカーが好きです。	Look at this card. このカードを見て。
Let's hide the key. カギを隠しましょう。	Hold on a minute! ちょっと待って！	I like sports. 私はスポーツが好きです。	Look up. 上を見て。
Hide your answer. あなたの答えを隠して。	Hold out your hand. 手を出して。	I like chocolates. 私はチョコレートが好きです。	Look down. 下を見て。

make ~を作る 141	open ~を開ける 142	pick ~をつまみ取る、摘み取る 143	play 遊ぶ、~をする、~を演奏する 144
I make cakes. 私はケーキを作ります。	Open the door. ドアを開けて。	I pick up a peanut. 私はピーナッツを1つつまみます。	I play in the park. 私は公園で遊びます。
Let's make friends. 友だちを作ろうよ。	Open your eyes. 目を開けて。	Pick a card. カードを1枚引いて。	I play soccer. 私はサッカーをします。
Make a circle. 円を作って。	Open your books. 本を開いて。	Let's pick strawberries. イチゴを摘もうよ。	I play the piano. 私はピアノを弾きます。
Make pairs. ペアを作って。	Please open the window. 窓を開けてください。	Don't pick the flowers! 花を摘まないで！	Let's play a game. ゲームをしましょう。
Don't make noise. 音を立てないで。	Let's open the box. 箱を開けましょう。	Please pick up the book. 本を拾ってください。	Please play the CD. CDをかけてください。

push ～を押す 145	put ～を置く 146	read ～を読む 147	ride ～に乗る 148
Push the button.	Put the paper here.	I read a book.	I ride a bicycle.
ボタンを押して。	その紙をここに置いて。	私は本を読みます。	私は自転車に乗ります。
Please push the door.	Put your bag here.	Read this letter.	I ride a train.
ドアを押してください。	ここにあなたのバッグを置いて。	この手紙を読んで。	私は列車に乗ります。
Push the cart.	Don't put it there.	Read this email.	I ride in a car.
カートを押して。	それをそこに置かないで。	このｅメールを読んで。	私は自動車に乗ります。
Push and pull.	Put down your cards.	I read English.	Let's ride the bus.
押して，それから引いて。	あなたのカードを下に置いて。	私は英語を読みます。	バスに乗りましょう。
Don't push!	Put away your books.	Read aloud.	I ride a horse.
押さないで！	あなたの本を片付けて。	声を出して読んで。	私は馬に乗ります。
see ～を見る，見える，会う 149	**show ～を見せる 150**	**take ～を取る，持って行く 151**	**touch ～にさわる，タッチする 152**
I can see Mt. Fuji!	Show your card.	I take pictures.	Touch your head.
私は富士山が見えます！	あなたのカードを見せて。	私は写真を撮ります。	頭にさわって。
Can you see this?	Show the photo.	Take an umbrella.	Touch your toes.
あなたはこれが見えますか？	写真を見せて。	カサを持って行って。	つま先にさわって。
I can't see you.	Please show me!	Let's take a break.	I touch my nose.
あなたが見えません。	私に見せてください！	休憩しましょう。	私は鼻にさわります。
Let me see.	Don't show your answer.	Take turns.	Touch the card.
私に見せて。／えーと。	あなたの答えを見せないで。	順番にやって。	カードにさわって。
What do you see?	Let's do "Show and Tell."	Take your time.	Don't touch!
あなたは何が見えますか？	ショー・アンド・テルをしましょう。	ゆっくりやって。	さわらないで！

読札153〜160

153 want 〜をほしい		154 wash 〜を洗う		155 watch 〜を見る		156
I want more, please.	もっとください。	Wash your hands.	手を洗って。	I watch television.	私はテレビを見ます。	
I want a present.	私はプレゼントがほしいです。	Wash your face.	顔を洗って。	I watch a movie.	私は映画を見ます。	
What do you want?	何がほしいですか。	Wash your hair.	髪を洗って。	Watch this!	これを見て！	
I want to go.	私は行きたいです。	I wash my shoes.	私は私のくつを洗います。	Watch carefully.	よく見て。	
I want to be a doctor.	私は医者になりたいです。	I wash the dishes.	私は皿を洗います。	Watch out!	気を付けて！	

153 turn 回る,曲がる,向きを変える		157 write 〜を書く		158 busy 忙しい		159 clean 清潔な 160
I turn.	私は回ります。	Write your name.	あなたの名前を書いて。	I'm busy.	私は忙しいです。	
Turn around.	向きを変えて。	I write an email.	私はeメールを書きます。	Are you busy?	あなたは忙しいですか？	
Turn right.	右に曲がって。	I write a letter.	私は手紙を書きます。	I'm a busy teacher.	私は忙しい先生です。	
Turn left.	左に曲がって。	Write it on the board.	それを黒板に書きなさい。	I'm a busy mother.	私は忙しい母です。	
Please turn on the light.	明かりをつけてください。	Write it in your notebook.	それをノートに書きなさい。	The phone is busy.	電話は話し中です。	

wear 〜を身につけている				clean 清潔な	
I wear a coat.	私はコートを着ています。			The dishes are clean.	その皿は清潔です。
I wear a cap.	私は帽子をかぶっています。			My room is clean.	私の部屋は清潔です。
I wear shoes.	私はくつを履いています。			The air is clean here.	ここは空気がきれいです。
I wear jeans.	私はジーンズを履いています。			I have a clean handkerchief.	私は清潔なハンカチを持っています。
I wear glasses.	私はメガネをかけています。			I have clean hands.	私は清潔な手をしています。

読札161〜168

cold 寒い、冷たい 161	dirty よごれた、きたない 162	dry かわいた 163	fast 速い、速く 164	hard かたい、難しい 165	hot 暑い、熱い 166	soft やわらかい 167	wet ぬれた 168
It's cold today.	My hands are dirty.	The earth is dry.	The train is fast.	Helmets are hard.	It's hot today.	The towels are soft.	The cat is wet.
今日は寒いです。	私の手はよごれています。	大地はかわいています。	その列車は速いです。	ヘルメットはかたいです。	今日は暑いです。	そのタオルはやわらかいです。	そのネコはぬれています。
I'm cold!	My clothes are dirty.	I have dry skin.	That is fast!	My bed is hard.	Watch out! It's hot!	My bed is soft.	It's wet outside.
私は寒いです！	私の服はよごれています。	私は乾燥肌です。	それは速いです！	私のベッドはかたいです。	気を付けて！ それは熱いよ！	私のベッドはやわらかいです。	外は雨が降っています。
Are you cold?	I wash the dirty dishes.	I need a dry towel.	Let's eat fast food.	It's hard work.	Do you like hot chocolate?	I have soft hands.	Are your hands wet?
寒いですか？	私はよごれた皿を洗います。	私はかわいたタオルが必要です。	ファーストフードを食べよう。	それは難しい仕事です。	あなたはココアが好きですか？	私はやわらかい手をしています。	あなたの手はぬれていますか？
Let's drink cold tea.	Clean the dirty classroom.	Get some dry ice.	Rockets go fast.	It's a hard question.	Let's have hot tea.	Let's have a soft drink.	My shoes aren't wet.
冷たいお茶を飲みましょう。	よごれた教室をきれいにして。	ドライアイスをもらって。	ロケットは速いです。	それは難しい質問です。	熱いお茶をいただこうよ。	ソフトドリンクを飲もうよ。	私のくつはぬれていません。
Winter is very cold.	Look at my dirty feet.	My throat is dry.	Can you run fast?	Is it too hard?	This summer is very hot.	Cats have soft fur.	Don't get wet.
冬はとても寒いです。	私のよごれた足を見て。	のどがかわいています。	あなたは速く走れますか？	それは難しすぎますか？	今年の夏はとても暑いです。	ネコはやわらかい毛をしています。	ぬれないで。

Chapter 3　コピーしてすぐ使える！「生活語彙」カルタ集

デザインカード

参考文献

バトラー後藤裕子（2005）.『日本の小学校英語を考える―アジアの視点からの検証と提言』東京：三省堂.

Cameron, L. (2001). *Teaching Languages to Young Learners*. Cambridge: Cambridge University Press.

Chujo, K., K. Oghigian, M. Utiyama & C. Nishigaki (2011). Creating a Corpus-Based Daily Life Vocabulary for TEYL. *Asian EFL Journal*, 49, January, 30-59.

中條清美，西垣知佳子（2010）.「小学校『英語ノート』の語彙分析」『English Corpus Studies』英語コーパス学会，17, 115-126.

堀内克明（1976）.「提示順序と使用頻度―サンマは目黒に限るということ」『現代英語教育』13（6），4-6.

井上紀子（1985）.「英米幼児教育図書の語彙調査」『帝国学園紀要』11, 109-126.

樫村雅子（2007）.「聞く力を育てる小学校英語活動の実践―英語多目的カルタの活用を通して―」『平成18年度千葉県長期研修生研究報告書』.

橘高眞一郎（2000）.「語彙学習教材としての Picture Dictionary の有用性―形容詞の観点から―」『木更津工業高等専門学校紀要』33, 107-114.

小林由合子（2012）.「進んでコミュニケーションを図ろうとする児童の育成―カード教材を使った活動を通して―」『平成23年度千葉県長期研修生研究報告書』.

松原健二（1987）.「教科書の語彙に現実性を―中学校英語教科書の内容語を考える―」『英語教育』36（10），28-30.

松村敏以（2004）.「英語生活語彙指導の実際」『第30回全国英語教育学会長野大会発表要項集』262-265.

McArthur, T. (1981). *Longman Lexicon of Contemporary English*. Essex: Longman.

毛利公也（2004）.『英語の語彙指導あの手この手』広島：溪水社.

茂呂崇（2011）.「習得を図る英語語彙指導の工夫―コロケーション学習のための教材の開発と協同学習を通じて―」『平成22年度千葉県長期研修生研究報告書』.

村野井仁（2006）.『第二言語習得研究から見た効果的な英語学習法・指導法』東京：大修館書店.

西垣知佳子，中條清美，クリス・カトウ（2008）.「小学校英語必修化に対応する小・中・高一貫型の語彙指導―中・高生用生活語彙カルタの作成と実践―」『千葉大学教育学部研究紀要』56, 301-316.

西垣知佳子，中條清美，樫村雅子（2007）.「小学校英語における日常生活基礎語彙の指導―語彙選定と英語カルタの開発・活用―」『千葉大学教育学部研究紀要』55, 255-270.

西垣知佳子，中條清美，小松幸子（2009）.「小学校英語のための語彙教材の開発と実践」『日本大学生産工学部研究報告B』42, 67-78.

西垣知佳子，中條清美，K. Oghigian（2009）.『デイリー英単語あら・あるた』東京：開隆堂出版.

西垣知佳子，山下美峰，小林喜美子，田村敦（2012）.「ふるさと教育を取り入れた外国語活動の試み―英語「浦安ふるさとカルタ」の試作と実践―」『JES Journal』小学校英語教育学会, 12, 57-72.

西垣知佳子，山下美峰，田村敦，高山明美（2012）.「ふるさと教育でつなぐ小学校外国語活動と中学校外国語科―教材をとおした英語教育の小中連携―」第12回小学校英語教育学会（JES）千葉大

会要綱集, 21.

椎名紀久子，中條清美，竹蓋幸生（1988）.「幼児・児童向け絵単語集の分析的考察―コミュニケーション能力育成のための教材を考える」『日本児童英語教育学会研究紀要』7, 17-27.

白木建二（2010）.「小中連携を図る英語語彙指導の工夫―写真付きカード教材の効果的な活用を通して―」『平成21年度千葉市長期研修生研究報告書』.

鶴田庸子 （1991）.「住んで知った生活語彙の威力」『英語教育』39（13），46-49.

高橋直美（2013）. *An Empirical Study of Repeated Use of the Same Karuta Cards from Elementary School through Junior High School*, （千葉大学大学院教育学研究科提出修士論文）.

高橋直美，西垣知佳子（2012a）.「小・中学校で共通して使える英語カード教材の開発と活用」『第12回小学校英語教育学会（JES）千葉大会要綱集』20.

高橋直美，西垣知佳子（2012b）.「英語カード教材のスパイラルな活用による小中連携の試み：小学校5年生から中学校3年生までの指導」『関東甲信越英語教育学会第36回群馬研究大会発表要綱』60.

外山滋比古（2003）.『わが子に伝える「絶対語感」―頭の良い子に育てる日本語の話し方』東京：飛鳥新社.

萬谷隆一，直山木綿子，卯城祐司，石塚博規，中村香恵子，中村典生編著（2011）.『小中連携Q＆Aと実践　小学校外国語活動と中学校英語をつなぐ40のヒント』東京：開隆堂出版.

山家保（1966）.『新しい英語教育』東京：英語教育協議会（ELEC）.

矢野聡（2009）.「英語教育における小中連携―カードを活用した語彙指導の在り方―」『平成20年度千葉県長期研修生研究報告書』.

付録1　本書で扱う「生活語彙」168語

★は『Hi, friends』で触れる語

	food & drinks（食べ物と飲み物）	
1	★apple	リンゴ
2	★banana	バナナ
3	★bread	パン
4	carrot	ニンジン
5	cucumber	キュウリ
6	green pepper	ピーマン
7	★hamburger	ハンバーガー
8	noodles	めん
9	★orange	オレンジ
10	★peach	モモ
11	★pineapple	パイナップル
12	★pizza	ピザ
13	potato	ジャガイモ
14	pumpkin	カボチャ
15	★rice	ご飯, 米
16	★salad	サラダ
17	sandwich	サンドイッチ
18	★soup	スープ
19	★spaghetti	スパゲッティ
20	★strawberry	イチゴ
21	★tomato	トマト
	clothes & belongings（衣服と持ち物）	
22	★cap	（ふちなしの）帽子
23	glasses	めがね
24	gloves	手袋
25	hat	（ふちありの）帽子
26	pajamas	パジャマ
27	pants	ズボン
28	shoes	くつ
29	socks	くつ下
30	sweater	セーター
31	umbrella	カサ
	home life（家庭生活）	
32	★bed	ベッド
33	blanket	毛布
34	box	箱
35	broom	ホウキ
36	brush	ブラシ
37	clock	時計
38	comb	くし
39	★cup	カップ
40	flashlight	懐中電灯
41	fork	フォーク
42	glass	コップ, グラス
43	knife	ナイフ
44	mirror	鏡
45	needle	針
46	oven	オーブン
47	pillow	枕
48	refrigerator	冷蔵庫
49	rug	しきもの
50	soap	石けん
51	sofa	ソファ
52	spoon	スプーン
53	stove	料理用コンロ
54	★table	テーブル
55	telephone	電話
56	toothbrush	歯ブラシ
57	towel	タオル
	school life（学校生活）	
58	book	本
59	chair	いす
60	desk	机

61	★eraser	消しゴム
62	glue	ノリ
63	★notebook	ノート
64	★pencil	鉛筆
65	scissors	ハサミ
66	student	生徒
67	★teacher	先生
	places（場所）	
68	bridge	橋
69	farm	農場
70	playground	運動場
71	★school	学校
72	★store	お店
73	zoo	動物園
	transportation（乗り物）	
74	airplane	飛行機
75	bicycle	自転車
76	car	自動車
77	rocket	ロケット
78	ship	船
79	train	列車
	people（人々）	
80	aunt	おば
81	★boy	少年
82	brother	兄, 弟
83	father	父
84	girl	少女
85	grandfather	祖父
86	grandmother	祖母
87	mother	母
88	sister	姉, 妹
89	uncle	おじ

	body（体）	
90	ear	耳
91	eye	目
92	face	顔
93	finger	（親指以外の手の）指
94	hair	髪の毛
95	hand	手
96	head	頭
97	mouth	口
98	nose	鼻
99	tooth	歯
	animals（動物）	
100	ant	アリ
101	butterfly	チョウ
102	★cat	ネコ
103	caterpillar	アオムシ
104	cow	ウシ
105	★dog	イヌ
106	elephant	ゾウ
107	lion	ライオン
108	★monkey	サル
109	penguin	ペンギン
110	polar bear	ホッキョクグマ
111	rooster	オンドリ
112	tiger	トラ
	nature（自然）	
113	★flower	花
114	moon	月
115	sky	空
116	★star	星
117	sun	太陽
118	tree	木

119	wind	風
toys & entertainment（おもちゃと娯楽）		
120	★piano	ピアノ
121	★recorder	リコーダー，たて笛
122	sandbox	砂場
123	slide	すべり台
124	swing	ぶらんこ
story features（登場人物と舞台）		
125	castle	お城
126	king	王
127	monster	怪物
128	queen	女王
verbs（動詞）		
129	catch	～をとらえる，つかまえる
130	close	～を閉じる，閉める
131	★cook	～を料理する
132	cut	～を切る
133	drink	～を飲む
134	★eat	～を食べる
135	★go	行く
136	help	～を助ける，手伝う
137	hide	～を隠す，隠れる
138	hold	～を持っている，つかんでいる
139	★like	～を好む，気に入る
140	look	～を見る
141	make	～を作る
142	open	～を開ける
143	pick	～をつまみ取る，摘み取る

144	★play	遊ぶ，～をする，～を演奏する
145	push	～を押す
146	put	～を置く
147	read	～を読む
148	★ride	～に乗る
149	★see	～を見る，見える，会う
150	show	～を見せる
151	take	～を取る，持って行く
152	touch	～にさわる，タッチする
153	★turn	回る，曲がる，向きを変える
154	★want	～をほしい
155	wash	～を洗う
156	watch	～を見る
157	wear	～を身につけている
158	write	～を書く
adjectives（形容詞）		
159	busy	忙しい
160	clean	清潔な
161	cold	寒い，冷たい
162	dirty	よごれた，きたない
163	dry	かわいた
164	fast	速い，速く
165	hard	かたい，難しい
166	hot	暑い，熱い
167	soft	やわらかい
168	wet	ぬれた

付録2 「生活語彙」500語
太字は本書で扱う168語

	food & drinks（食べ物と飲み物）	
1	**apple**	リンゴ
2	**banana**	バナナ
3	beans	マメ
4	**bread**	パン
5	breakfast	朝食
6	butter	バター
7	cake	ケーキ
8	candy	キャンディー
9	**carrot**	ニンジン
10	cereal	シリアル
11	cheese	チーズ
12	cherry	サクランボ
13	chocolate	チョコレート
14	coffee	コーヒー
15	cookie	クッキー
16	corn	トウモロコシ
17	**cucumber**	キュウリ
18	dinner	夕食，ディナー
19	egg	卵
20	food	食べ物
21	fruit	果物
22	grapefruit	グレープフルーツ
23	grapes	ブドウ
24	**green pepper**	ピーマン
25	**hamburger**	ハンバーガー
26	honey	ハチミツ
27	ice cream	アイスクリーム
28	jelly	ジャム，ゼリー
29	juice	ジュース
30	lettuce	レタス
31	lunch	昼食
32	meat	肉
33	milk	ミルク
34	mushroom	キノコ
35	**noodles**	めん
36	nuts	木の実
37	**orange**	オレンジ
38	**peach**	モモ
39	peanuts	ピーナッツ
40	pear	洋ナシ
41	peas	エンドウマメ
42	pepper	コショウ
43	pie	パイ
44	piece	ケーキ等の一切れ
45	**pineapple**	パイナップル
46	**pizza**	ピザ
47	popcorn	ポップコーン
48	**potato**	ジャガイモ
49	**pumpkin**	カボチャ
50	**rice**	ご飯，米
51	**salad**	サラダ
52	salt	塩
53	**sandwich**	サンドイッチ
54	**soup**	スープ
55	**spaghetti**	スパゲッティ
56	**strawberry**	イチゴ
57	sugar	砂糖
58	supper	（かんたんな）夕食
59	tea	お茶
60	toast	トースト
61	**tomato**	トマト
62	water	水
63	watermelon	スイカ

64	yogurt	ヨーグルト		96	**umbrella**	カサ
clothes & belongings（衣服と持ち物）				home life（家庭生活）		
65	bag	かばん		97	basket	かご
66	belt	ベルト		98	bath	風呂
67	boots	ブーツ		99	bathroom	風呂, トイレ, 洗面台のある所
68	bow	リボン		100	bathtub	湯船, 浴槽
69	bracelet	ブレスレット		101	**bed**	ベッド
70	button	ボタン		102	**blanket**	毛布
71	**cap**	（ふちなしの）帽子		103	bottle	びん
72	clothes	衣服, 服		104	bowl	茶碗, どんぶり
73	coat	コート		105	**box**	箱
74	dollar	ドル（お金の単位）		106	**broom**	ホウキ
75	dress	ワンピース, ドレス		107	**brush**	ブラシ
76	earrings	イヤリング		108	bucket	バケツ
77	**glasses**	めがね		109	cage	鳥かご, おり
78	**gloves**	手袋		110	candle	ろうそく
79	**hat**	（ふちありの）帽子		111	**clock**	時計
80	jacket	上着		112	closet	押入れ, クローゼット
81	mittens	（親指が離れた）手袋		113	**comb**	くし
82	**pajamas**	パジャマ		114	**cup**	カップ
83	**pants**	ズボン		115	dish	大皿
84	penny	ペニー（1セント銅貨）		116	door	ドア
85	pin	待ち針, ピンバッジ, ブローチ		117	drawer	引き出し
86	pocket	ポケット		118	**flashlight**	懐中電灯
87	purse	ハンドバッグ, 財布		119	floor	床
88	ribbon	リボン		120	**fork**	フォーク
89	shirt	シャツ		121	garage	ガレージ
90	**shoes**	くつ		122	garbage	生ごみ
91	slippers	スリッパ		123	**glass**	コップ, グラス
92	sneakers	スニーカー		124	hammer	ハンマー
93	**socks**	くつ下		125	home	家, 家庭
94	**sweater**	セーター		126	house	家
95	tie	ネクタイ		127	kitchen	台所

128	**knife**	ナイフ		161	window	窓
129	ladder	はしご		school life（学校生活）		
130	letter	手紙		162	alphabet	アルファベット
131	mail	郵便，郵便物		163	**book**	本
132	medicine	薬		164	**chair**	いす
133	**mirror**	鏡		165	chalk	チョーク
134	napkin	ナプキン		166	circle	円
135	**needle**	針		167	crayon	クレヨン
136	**oven**	オーブン		168	**desk**	机
137	pan	片手なべ		169	**eraser**	消しゴム
138	picture	絵，写真		170	**glue**	ノリ
139	**pillow**	枕		171	name	名前
140	plate	皿，取り皿		172	**notebook**	ノート
141	**refrigerator**	冷蔵庫		173	paper	紙
142	room	部屋		174	pen	ペン
143	rope	ロープ		175	**pencil**	鉛筆
144	rubber band	輪ゴム		176	**scissors**	ハサミ
145	**rug**	しきもの		177	shape	形
146	saucer	受け皿		178	**student**	生徒
147	screwdriver	ねじ回し		179	**teacher**	先生
148	shovel	シャベル			places（場所）	
149	**soap**	石けん		180	apartment	アパート
150	**sofa**	ソファ		181	barn	納屋
151	**spoon**	スプーン		182	**bridge**	橋
152	stick	棒		183	**farm**	農場
153	**stove**	料理用コンロ		184	playground	運動場
154	string	糸		185	**school**	学校
155	suitcase	スーツケース		186	**store**	お店
156	**table**	テーブル		187	street	通り
157	**telephone**	電話		188	**zoo**	動物園
158	**toothbrush**	歯ブラシ			transportation（乗り物）	
159	**towel**	タオル		189	airplane	飛行機
160	trash	ごみ		190	**bicycle**	自転車

191	boat	ボート
192	bulldozer	ブルドーザー
193	**car**	自動車
194	helicopter	ヘリコプター
195	motorcycle	オートバイ
196	noise	騒音
197	plane	飛行機
198	**rocket**	ロケット
199	**ship**	船
200	tire	タイヤ
201	tractor	トラクター
202	**train**	列車
203	truck	トラック
204	wheel	車輪
	people（人々）	
205	**aunt**	おば
206	baby	赤ちゃん
207	**boy**	少年
208	**brother**	兄, 弟
209	cousin	いとこ
210	dad	お父さん
211	**father**	父
212	friend	友だち
213	**girl**	少女
214	grandfather	祖父
215	grandmother	祖母
216	kid	子ども
217	man	男の人
218	mom	お母さん
219	**mother**	母
220	people	人々
221	**sister**	姉, 妹
222	**uncle**	おじ

223	woman	女の人
	body（体）	
224	arm	腕
225	beard	あごひげ
226	bone	骨
227	cheek	ほお
228	chin	あご
229	**ear**	耳
230	elbow	ひじ
231	**eye**	目
232	eyebrow	まゆ毛
233	**face**	顔
234	**finger**	（親指以外の手の）指
235	foot	足（足首から下）
236	**hair**	髪の毛
237	**hand**	手
238	**head**	頭
239	knee	ひざ
240	leg	足（ももの付け根から足首まで）
241	**mouth**	口
242	mustache	口ひげ
243	nail	つめ
244	neck	首
245	**nose**	鼻
246	thumb	親指
247	toe	つま先, 足の指
248	tongue	舌
249	**tooth**	歯
	animals（動物）	
250	alligator	（アメリカ・中国の）ワニ
251	animal	動物
252	**ant**	アリ
253	bear	クマ

#	word	意味	#	word	意味
254	bee	ミツバチ	287	lamb	子ヒツジ
255	beetle	カブトムシ	288	leopard	ヒョウ
256	bird	鳥	289	**lion**	ライオン
257	bug	虫	290	lobster	ロブスター
258	**butterfly**	チョウ	291	**monkey**	サル
259	camel	ラクダ	292	mouse	ネズミ
260	**cat**	ネコ	293	octopus	タコ
261	**caterpillar**	アオムシ	294	owl	フクロウ
262	chick	ヒヨコ	295	panda	パンダ
263	chicken	ニワトリ	296	parrot	オウム
264	**cow**	ウシ	297	**penguin**	ペンギン
265	crocodile	(アフリカ・インドの) ワニ	298	pet	ペット
266	deer	シカ	299	pig	ブタ
267	**dog**	イヌ	300	**polar bear**	ホッキョクグマ
268	donkey	ロバ	301	puppy	子イヌ
269	duck	アヒル	302	rabbit	ウサギ
270	eagle	ワシ	303	raccoon	アライグマ
271	**elephant**	ゾウ	304	rhinoceros	サイ
272	feather	羽	305	**rooster**	オンドリ
273	fish	魚	306	seal	アザラシ
274	flamingo	フラミンゴ	307	shark	サメ
275	frog	カエル	308	sheep	ヒツジ
276	giraffe	キリン	309	snail	カタツムリ
277	goat	ヤギ	310	snake	ヘビ
278	goldfish	キンギョ	311	spider	クモ
279	goose	ガチョウ	312	squirrel	リス
280	gorilla	ゴリラ	313	tail	しっぽ
281	grasshopper	バッタ	314	**tiger**	トラ
282	hippopotamus	カバ	315	turkey	シチメンチョウ
283	horn	角	316	turtle	カメ
284	horse	ウマ	317	whale	クジラ
285	kangaroo	カンガルー	318	wing	翼
286	kitten	子ネコ	319	worm	(ミミズ等の) 虫

320	zebra	シマウマ
nature（自然）		
321	beach	浜辺
322	cave	ほら穴
323	fire	火
324	**flower**	花
325	grass	草
326	hill	丘
327	hole	穴
328	ice	氷
329	light	光
330	**moon**	月
331	mountain	山
332	rain	雨
333	rock	岩
334	sand	砂
335	seed	種
336	shadow	影
337	shell	貝殻
338	**sky**	空
339	snow	雪
340	**star**	星
341	**sun**	太陽
342	**tree**	木
343	**wind**	風
344	wood	木材
toys & entertainment（おもちゃと娯楽）		
345	ball	ボール
346	balloon	風船
347	baseball	野球
348	basketball	バスケットボール
349	bat	バット
350	bell	ベル

351	birthday	誕生日
352	blocks	積み木
353	bubble	シャボン玉
354	camp	キャンプ
355	circus	サーカス
356	clown	ピエロ
357	doll	人形
358	drum	太鼓，ドラム
359	flag	旗
360	flute	フルート，横笛
361	game	ゲーム
362	guitar	ギター
363	kite	たこ
364	magic	手品
365	mask	仮面
366	movie	映画
367	**piano**	ピアノ
368	picnic	ピクニック
369	puppet	あやつり人形,指人形
370	puzzle	パズル
371	**recorder**	リコーダー，たて笛
372	**sandbox**	砂場
373	sled	（小型の）そり
374	**slide**	すべり台
375	snowman	雪だるま
376	soccer	サッカー
377	song	歌
378	**swing**	ぶらんこ
379	tent	テント
380	top	こま
381	toy	おもちゃ
382	violin	バイオリン
383	volleyball	バレーボール

384	whistle	ホイッスル, 笛, 口笛
385	xylophone	シロホン, 木琴
	story features（登場人物と舞台）	
386	**castle**	お城
387	dinosaur	恐竜
388	dragon	竜, ドラゴン
389	**king**	王
390	**monster**	怪物
391	**queen**	女王
	color（色）	
392	black	黒色
393	blue	青色
394	brown	茶色
395	color	色
396	gray	灰色
397	green	緑色
398	pink	ピンク色
399	purple	紫色
400	red	赤色
401	white	白色
402	yellow	黄色
	verbs（動詞）	
403	bake	〜を焼く
404	bite	〜をかむ
405	blow	(風が)吹く, (息を)吹きかける, (息を)吹く
406	break	〜をこわす, こわれる
407	**catch**	〜をとらえる, つかまえる
408	climb	〜を登る
409	**close**	〜を閉じる, 閉める
410	**cook**	〜を料理する
411	cry	泣く
412	**cut**	〜を切る
413	dance	踊る

414	dig	〜を掘る
415	do	〜をする
416	draw	（絵を）描く
417	**drink**	〜を飲む
418	drive	〜を運転する
419	drop	〜を落とす, 落ちる
420	dump	〜を捨てる
421	**eat**	〜を食べる
422	fall	落ちる
423	fix	〜を修理する
424	fly	飛ぶ
425	**go**	行く
426	**help**	〜を助ける, 手伝う
427	**hide**	〜を隠す, 隠れる
428	hit	〜を打つ
429	**hold**	〜を持っている, つかんでいる
430	hop	ぴょんぴょん跳ぶ
431	hug	〜を抱きしめる
432	hurt	〜を傷つける, (傷が)痛む
433	jump	ジャンプする
434	kick	〜をける
435	kiss	キスする
436	knock	〜をノックする
437	laugh	笑う
438	**like**	〜を好む, 気に入る
439	**look**	〜を見る
440	**make**	〜を作る
441	mix	〜を混ぜる
442	**open**	〜を開ける
443	paint	〜を塗る, 絵を描く
444	**pick**	〜をつまみ取る, 摘み取る
445	**play**	遊ぶ, 〜をする, 〜を演奏する
446	pour	〜をそそぐ

447	pull	〜を引く
448	**push**	〜を押す
449	**put**	〜を置く
450	**read**	〜を読む
451	**ride**	〜に乗る
452	roll	〜をころがす, ころがる
453	scare	〜をこわがらせる
454	**see**	〜を見る, 見える, 会う
455	**show**	〜を見せる
456	sing	〜を歌う
457	sink	沈む
458	sit	座る
459	skate	スケートをする
460	sleep	眠る
461	stand	立つ
462	swim	泳ぐ
463	**take**	〜を取る, 持って行く
464	throw	〜を投げる
465	**touch**	〜にさわる, タッチする
466	**turn**	回る, 曲がる, 向きを変える
467	wait	〜を待つ
468	wake	目覚める
469	walk	歩く
470	**want**	〜をほしい
471	**wash**	〜を洗う
472	**watch**	〜を見る
473	**wear**	〜を身につけている
474	**write**	〜を書く

	adjectives（形容詞）	
475	big	大きい
476	**busy**	忙しい
477	**clean**	清潔な
478	**cold**	寒い, 冷たい
479	**dirty**	よごれた, きたない
480	**dry**	かわいた
481	**fast**	速い, 速く
482	fun	愉快な, おもしろいこと
483	giant	巨大な
484	good	よい
485	happy	楽しい, 幸福な
486	**hard**	かたい, 難しい
487	heavy	重い
488	**hot**	暑い, 熱い
489	hungry	お腹がすいた
490	kind	親切な
491	last	最後の
492	little	少しの, 小さい
493	next	次の
494	right	正しい
495	sad	悲しい
496	sick	病気の, 気分が悪い
497	**soft**	やわらかい
498	tall	背が高い
499	thirsty	のどがかわいた
500	**wet**	ぬれた

【著者紹介】

西垣　知佳子（にしがき　ちかこ）
千葉大学教授。東京都出身。
米国オハイオ州 Ohio Wesleyan 大学留学，早稲田大学卒業，千葉大学大学院（博士課程）修了，博士（学術）。明海大学外国語学部専任講師を経て，現在，千葉大学教育学部，同大学院教育学研究科（修士課程），東京学芸大学大学院連合学校教育学研究科（博士課程）教授。専門は英語教育学。大学では小学校，中学校，高校の教員養成にあたり，英語科教育法，教材研究，授業研究等を担当する。
主な著書等　『文部科学省検定教科書　中学校外国語科用 SUNSHINE ENGLISH COURSE 1～3』（開隆堂出版：共著），『サンシャイン英和辞典（全面改訂版）』（開隆堂出版：編者），『デイリー英単語　あら・かるた』（開隆堂出版：共著），『月刊　リスニングが上達する！英語楽習マガジン Non Stop English Wave』（日本英語検定協会：監修・執筆），NHK ラジオ講座『英語リスニング入門』（教材作成・番組講師）など。

中條　清美（ちゅうじょう　きよみ）
日本大学教授。大阪府出身。
大阪市立大学卒業，千葉大学大学院（博士課程）修了，博士（学術）。1995年～1999年米国在住，米国ニューヨーク州 Manhattanville College (MPS) 修了。大阪府の公立中学校教諭，千葉県の公立中学校教諭，千葉大学外国語センター専任講師を経て，現在，日本大学生産工学部教授。専門は英語教育学，コーパス言語学。英語語彙選定，コーパス分析，コーパスの教育への応用研究に関心がある。
主な著書等　『コーパスと英語教育の接点』（松柏社：共著），『Corpus-based Studies in Language Use, Language Learning, and Language Documentation』（Rodopi：共著），『デイリー英単語　あら・かるた』（開隆堂出版：共著），『English Corpora under Japanese Eyes』（Rodopi：共著）など。

キャサリン・オヒガン（Kathryn Oghigian）
早稲田大学講師。カナダ，バンクーバ出身。
University of South Florida, University of British Columbia（修士）。米国フロリダで教鞭をとった。日本では徳島県の公立中学校で ALT として英語教育に携わった。東京国際大学専任講師を経て，現在，早稲田大学理工学部講師。専門はコーパスの教育への応用研究。
主な著書　『デイリー英単語　あら・かるた』（開隆堂出版：共著），『文部科学省検定教科書　高等学校外国語科用 DAILY ENGLISH WRITING』（池田書店：共著）など。

〔本文イラスト〕　木村　美穂

授業をグーンと楽しくする英語教材シリーズ㉓
生活語彙が楽しく身につく！
小・中学生の英語カルタ＆アクティビティ30

2013年8月初版第1刷刊	©著　者	西垣知佳子　中條清美
2022年12月初版第6刷刊		キャサリン・オヒガン

発行者　藤　原　久　雄
発行所　明治図書出版株式会社
　　　　http://www.meijitosho.co.jp
　　　　（企画）木山麻衣子（校正）有海有理
　　　　〒114-0023　東京都北区滝野川7-46-1
　　　　振替00160-5-151318　電話03(5907)6702
　　　　ご注文窓口　電話03(5907)6668

＊検印省略　　　組版所　株式会社明昌堂

教材部分以外の本書の無断コピーは，著作権・出版権にふれます。ご注意ください。

Printed in Japan　　　　　　　　　ISBN978-4-18-093314-3